AF542735

# LETTRES
## AU MINISTRE DE LA GUERRE
SUR LES
## FORTIFICATIONS DE PARIS,

PAR

**TH. CHOUMARA,**

Chef de bataillon du Génie.

> En fortification, comme en politique, c'est le faible qui trompe et le puissant commande! Le véritable ingénieur ne craint point de soumettre ses projets au grand jour de la discussion, il ne craint pas non plus de les montrer à l'ennemi, car il peut lui dire : Voilà les points par où tu dois passer, les obstacles que tu auras à vaincre ; viens, si tu l'oses.

PARIS.

IMPRIMERIE DE BOURGOGNE ET MARTINET,

RUE JACOB, 30.

1840.

# AVANT-PROPOS.

Au mois d'août le ministère du 1er mars ne songeait point à fortifier la capitale ; au mois de septembre tout a changé !

Comment se fait-il que M. Thiers, transformé tout-à-coup en ingénieur et en tacticien, ait improvisé un projet général de défense pour Paris et arrêté un programme, imposant d'une manière absolue ses idées au général du génie chargé de la direction supérieure des travaux, à tel point, que celui-ci ne se croyait pas le droit de faire le plus petit changement au projet remis par le ministère?

Cette question n'est pas sans intérêt; il est fâcheux que M. Thiers qui a fait tant de révélations, plus ou moins piquantes, à la tribune, ait gardé à ce sujet un silence complet. Il eût été curieux d'apprendre comment les hommes de génie, de sa trempe, deviennent tout-à-coup universels, portent des regards d'aigle sur les questions les plus difficiles des sciences auxquelles ils étaient auparavant complétement étrangers, et comment ils tranchent en un instant les difficultés sur lesquelles les esprits vulgaires, comme le nôtre et celui de Vauban, ont été obligés de réfléchir pendant long-temps, quoiqu'ayant passé leur vie à méditer sur les grandes questions d'art militaire et de fortification.

Je pourrais, peut-être, écarter complétement le voile qui couvre cette affaire et donner le secret des conceptions rapides de l'ex-président du conseil, en fortification, il suffirait pour cela de comparer le choix fait pour l'emplacement de ses forts et de certaines parties de son enceinte, avec un projet fait par quelqu'un de notre connaissance dès 1833, *qui n'est pas resté inconnu à tout le monde*, dans lequel on plaçait des casernes défensives sur les points de l'enceinte susceptibles d'être attaqués; ces points se trouvent être précisément ceux sur lesquels sont placés les forts de la rive gauche de la Seine dans le projet ministériel. Mais, *cette question est délicate;* pour aujourd'hui je me bornerai à soulever un coin de ce voile, en publiant un document officiel, inconnu au public. Ce document a paru important à plusieurs personnes qui m'ont fortement engagé à suivre ma première idée en le faisant imprimer, pour être distribué aux membres de la commission dont M. Thiers est le président; il peut d'ailleurs exercer une influence salutaire sur les délibérations de la Chambre, en traçant d'une manière claire la marche à suivre dans l'exécution des travaux, quel que soit le système adopté, pour utiliser et ménager les finances de l'État.

On a généralement adressé un reproche à M. Thiers; on a demandé: Comment se fait-il que M. le président du conseil du 1er mars ait invoqué l'urgence à l'occasion de sa décision de fortifier Paris, sans s'être assuré le concours des Chambres, puisque l'exécution de ce projet devait exiger plusieurs années?

L'argument était pressant, il n'y avait qu'une seule manière satisfaisante d'y répondre; il fallait dire :

«Si j'entreprends ces travaux d'urgence, c'est parce que j'ai la certitude d'être en mesure avant que l'ennemi ne puisse nous attaquer. »

M. Thiers pouvait-il faire cette réponse? Oui, il pouvait la faire; car il connaissait la solution de cet important problème, quand il a pris sa décision, sans cela il n'eût pas osé la prendre. Cette solution est-elle sortie de son cerveau? Le lecteur en jugera, après avoir pris connaissance de la lettre suivante adressée le 20 du mois d'août dernier au Ministre de la guerre.

Dans cette première lettre nous ne nous sommes point occupé du système de M. Thiers, *puisqu'il n'existait pas alors;* depuis nous en avons fait l'examen critique dans une deuxième lettre remise au Ministre de la guerre dans les premiers jours d'octobre. Pour aujourd'hui nous nous bornerons à dire que l'enceinte de cet ingénieur improvisé, est beaucoup trop rapprochée du mur d'octroi; la première condition à laquelle doit satisfaire l'enceinte est de tenir l'ennemi assez éloigné de Paris pour que cette ville ne puisse être bombardée; en satisfaisant à cette condition importante, on a l'avantage de porter l'enceinte sur un terrain beaucoup moins cher et d'éviter une foule de difficultés très graves. Il faut espérer que la Chambre sentira l'importance de cette observation, et qu'en admettant le principe, *Paris doit être fortifié*, elle demandera que l'enceinte soit portée plus en avant.

Les considérations développées dans la première lettre prouveront que les travaux commencés sont trop peu de chose pour qu'on doive craindre de les regarder comme non avenus; dans tous les cas, si l'on conservait ceux qui existent déjà, malgré leurs défauts évidents, puisqu'ils livrent le bois de Boulogne, Neuilly et Clichy à l'ennemi aussitôt qu'il se sera emparé du Mont Valérien, ce qui est l'affaire de quinze jours au plus; il serait encore temps de reporter l'enceinte en avant de Pantin et de Charenton, sur la rive droite de la Seine et sur les points où sont indiqués les forts de la rive gauche, en avant du *château de Saint-Frambourg*, sur le plateau de *Villejuif*, en avant du *parc de Mont-Rouge* et en avant d'*Issy*. Les bâtiments militaires, établis sur ces points, serviraient, comme il est dit plus haut, de retranchements contre l'attaque extérieure et remplaceraient les forts pour empêcher que la chute d'un des points de l'enceinte n'entraînât la perte du reste. On réunirait ainsi les avantages de l'enceinte continue à ceux des forts détachés en évitant leurs inconvénients. On arriverait au but marqué par Vauban, *l'imprenabilité de Paris, sans compromettre ses monuments, la sûreté et les richesses de ses habitants.*

---

# PREMIÈRE LETTRE

## SUR

# LES FORTIFICATIONS DE PARIS.

Paris, le 20 août 1840.

## A M. le Lieutenant-Général Cubières,

### MINISTRE DE LA GUERRE.

Monsieur le Ministre,

Après les mémorables événements de juillet 1830, un cri unanime se fit entendre : *Il faut fortifier Paris!* Ce cri était l'expression profondément sentie du plus impérieux des besoins de la France, *deux invasions successives; la restauration par les baïonnettes étrangères; l'occupation militaire; la contribution de guerre; nos lauriers flétris; les fruits de vingt-cinq ans de victoires et une partie de notre propre territoire perdus en quelques jours!* Ces plaies, encore saignantes, montrent ce qu'il en coûte à une grande nation qui laisse occuper sa capitale par l'ennemi!

Instruits par l'expérience, peuple, garde nationale, soldats, offraient leurs concours et leurs bras pour l'exécution des ouvrages destinés à empêcher le retour de semblables calamités; dans la prévision d'une guerre, qui paraissait inévitable, le Gouvernement demanda des fonds pour cet objet, les Chambres législatives s'empressèrent de voter provisoirement cinq millions de francs pour commencer les travaux.

Cet accord de volontés pouvait et devait enfanter des prodiges, si un projet *digne du sujet*, *susceptible d'être exécuté en peu de temps*, eût été présenté alors. Et, quelle différence dans l'attitude de la France, si trois mois après notre admirable révolution, le Gouvernement eût pu dire aux cabinets étrangers : *Lors même que vous franchiriez la frontière, vous vous briseriez contre Paris!* Malheureusement les projets présentés par les généraux Haxo, Valazé et Bernard ne satisfaisaient point à cette double condition; ces projets nous ramenaient à l'enfance de l'art de l'ingénieur! Aussi, les discussions prolongées et improductives auxquelles ils ont donné lieu, n'ont conduit qu'à une négation, en mettant en évidence l'insuffisance de chacun d'eux; en sorte, qu'après dix ans écoulés, Paris, privé de moyens de défense, reste en quelque sorte à la merci de la coalition permanente formée contre ce foyer de la civilisation.

Vous avez compris, monsieur le Ministre, que cette grande question, *dont une bonne solution doit rendre la France invulnérable et réagir sur les destinées futures du monde*, n'était qu'ajournée, qu'il faudrait la reprendre tôt ou tard, et que pour être prêt à tout événement on ne devait pas attendre que des circonstances impérieuses forçassent d'exécuter précipitamment quelque mauvais projet; qu'il fallait, pendant la paix, examiner et approfondir cette question d'une manière complète et la tirer enfin de l'ornière dans laquelle elle se traîne depuis trop long-temps.

Chargé de cet immense et important travail, je connais toute l'étendue des obligations qu'il m'impose; je m'y suis livré avec l'ardeur et l'enthousiasme qu'il mérite. Aux méditations auxquelles j'avais précédemment consacré mes veilles, j'ai ajouté de nouvelles méditations; après avoir envisagé le problème sous toutes ses faces, j'ai la conviction d'être arrivé à une solution susceptible d'être reçue avec acclamation, par le Gouvernement, par la population parisienne et par la France entière.

Avant de vous adresser ce travail, je voulais terminer tous les dessins qui doivent l'accompagner, afin que le

Comité du génie, au jugement duquel il doit être soumis, pût prononcer en même temps sur l'ensemble et sur les détails; mais le nouvel aspect que viennent de prendre les affaires européennes; la gravité des circonstances créées par le renouvellement de l'alliance monstrueuse de l'Angleterre avec les trois puissances du Nord, la conflagration générale qui peut en être la conséquence immédiate, me font sentir la nécessité de mettre de suite sous vos yeux un résumé clair et concis des bases sur lesquelles je me suis appuyé.

Je me trouve d'autant plus heureux de pouvoir vous soumettre ces idées, qu'elles sont susceptibles d'une application immédiate, qu'elles nous rendent maîtres de l'*élément le plus précieux*, dans l'état actuel des choses, *du temps*, et que, grâces aux principes développés antérieurement, dans mes *Mémoires sur la fortification*, *nous pouvons, dans l'espace de trois mois au plus, faire de Paris un point susceptible de résister à toutes les forces de l'Europe, sans compromettre ses monuments, le repos, la sûreté et la richesse de ses habitants; que ces résultats peuvent s'obtenir à peu de frais, à l'aide d'une garnison peu considérable, en conservant la faculté de tirer un grand parti de nos armées, soit que le sort de la guerre les ramène sous les murs de cette capitale ou les tienne éloignées.*

Au reste, monsieur le Ministre, je présente ces idées avec d'autant plus de confiance qu'elles sont simples, et parfaitement en harmonie avec le projet de Vauban, tel que lui-même le modifierait sans doute s'il reparaissait au milieu de nous; car, il ne manquerait pas d'avoir égard aux changements survenus dans l'état des lieux par suite des agrandissements successifs de la ville, et il s'empresserait de profiter de la connaissance du principe de l'*indépendance des parapets et des escarpes*, pour obtenir en quelques mois des résultats plus avantageux que ceux qu'il n'obtenait qu'en douze années, par le mode de construction en usage de son temps.

# I

*Base fondamentale pour tout projet de fortifier Paris.*

Je viens de dire que, dans l'état actuel des choses, l'élément le plus précieux pour nous était le temps. Laissant d'abord de côté toute discussion sur la nature du système à suivre pour la mise en état de défense de Paris, il est clair que la première condition à laquelle il faut satisfaire est de l'exécuter en peu de temps ; car, s'il fallait un temps trop long pour son exécution, la guerre pourrait nous surprendre au milieu des travaux et la place serait enlevée avant d'être terminée : la méthode suivie jusqu'à ce jour pour la construction des places fortes ne satisfait point à cette condition ; en effet, d'après cette méthode, les parapets reposant sur le bord de l'escarpe en maçonnerie qui forme l'enceinte de la place, la masse des parapets et du rempart exerce une énorme poussée contre le revêtement d'escarpe et force non seulement à lui donner une plus grande épaisseur, mais encore, elle exige que toutes les maçonneries soient faites et séchées avant que l'on ne puisse placer les terres destinées à former les masses couvrantes ; il faut donc dans ce cas un temps considérable pour former une place : aussi Vauban estimait-il qu'il fallait douze ans pour fortifier Paris. L'enceinte proposée par les généraux Haxo et Valazé, les forts détachés proposés pas le général Bernard, exigeant près de deux millions de mètres cubes de maçonneries, il faudrait également plusieurs années pour les exécuter, et nous serions surpris, attaqués, avant d'être en mesure.

Heureusement l'exécution immédiate des maçonneries, avant les terrassements, n'est rien moins que nécessaire ; il est même difficile de concevoir comment cette méthode vicieuse a été suivie pendant si long-temps ; il est clair en effet *qu'en retirant convenablement les parapets en arrière des escarpes*, ces parapets n'exerceront plus de poussée contre le parement de l'enceinte : si ces terres vierges sont de nature à se tenir verticales, elles formeront provisoirement un obstacle suffisant contre l'attaque de vive force et auront les mêmes propriétés que les places revêtues contre l'attaque en règle, jusqu'à l'établissement des batteries de brèches. On peut donc à *l'aide de ce reculement creuser les fossés, masser les remparts et les parapets*, en prenant le profil le plus favorable à la défense, *sans être obligé de construire un pouce de maçonnerie*, et remettre la construction de celles qui pourraient être nécessaires à l'époque où la place serait déjà en état de défense.

La plupart des terrains des environs de Paris sur lesquels il convient d'élever des fortifications, sont susceptibles d'être taillés verticalement ou à peu près et se soutiennent parfaitement d'eux-mêmes à des hauteurs beaucoup plus considérables que celles nécessaires pour que la place soit à l'abri de l'escalade, ainsi que le prouvent les puits et les nombreuses carrières en exploitation autour de la capitale, et les travaux exécutés pour les chemins de fer.

Par exemple, dans les plaines de Châtillon, Noyer, Bagneux, Arcueil, grand et petit Mont-Rouge, Bicêtre, Gobelins, Vitry, on trouve des pierres dures, telles que le liais, la roche dure, la roche franche, banc franc, etc., placés à des profondeurs variables, qui ne dépassent guères 40 ou 50 pieds, et beaucoup moindres sur d'autres points ; le tuf qui les recouvre est très solide, et n'est lui-même recouvert que d'une légère couche de terre végétale qu'il suffira d'enlever ou de semer en gazon. Cette partie présente un développement de 11,560 mètres, sur laquelle on pourrait placer trente-et-un fronts à la Vauban, d'environ 360 mètres de côté extérieur ; en reportant les parapets de 10 mètres en arrière, ces fronts n'auraient pas besoin d'être revêtus, pendant long-temps, et l'intérêt de l'argent qu'il aurait fallu employer pour les revêtir de suite sera plus que suffisant pour faire des revêtements dans les parties où il se manifesterait quelques éboulis, produits par les pluies ou les gelées, éboulis qui seraient sans danger, *parce qu'ils n'entraîneraient point la chute des parapets et seraient par conséquent aisément réparés.*

La partie du terrain qui s'étend de Charenton à Pantin présente une pierre plus tendre; mais les terres qui la recouvrent se soutiennent également à pic et n'auront pas besoin d'être revêtues dans les premières années ; en prenant la même précaution dans le placement des parapets, cet espace présente un développement de 8,280 *mètres*, sur lequel il y aurait 23 fronts également en état de défense sans recourir aux maçonneries.

Les carrières de Passy fournissent aussi une roche très dure qui se maintient verticalement à de grandes hauteurs; on n'a pas besoin de recourir à des puits pour l'exploitation de la pierre de taille dans cette partie; cette roche n'est qu'à 12 pieds de profondeur au-dessous du sol; il est probable que l'on trouverait un terrain à peu près semblable sur tout le développement de l'enceinte du bois de Boulogne, où l'on pourrait placer quinze fronts; les fossés que l'on ferait dans cette partie mettraient donc à découvert une immense et riche carrière, où l'on trouvera la pierre de taille et le moellon nécessaires pour les bâtiments civils et militaires, ainsi que pour les fortifications; les fossés de 20 à 30 pieds de profondeur creusés sur les autres points diminueront considérablement la profondeur des puits, rendront l'extraction beaucoup plus facile, donneront lieu à la découverte de nouvelles carrières et contribueront ainsi à la diminution du prix des matériaux et à l'augmentation des constructions nouvelles ; ce sera par conséquent une nouvelle branche de revenus pour l'État.

Dans le cas où l'on construirait une enceinte, nous trouverions déjà au moins soixante-dix fronts, dont l'escarpe pourrait être coupée verticalement sans être revêtue ; les fronts restants seraient dans la vallée de la Seine, de la Marne et dans la plaine Saint-Denis, une partie jouirait de la même propriété, d'autres parties offrent un terrain composé de couches alternatives de sable et de cailloux, on rencontre l'eau des puits à une profondeur de dix-huit à vingt pieds, ainsi l'on pourrait avoir une eau vive dans les fossés, indépendamment de celle que l'on pourrait y mettre en la tirant des canaux de l'Ourcq et de Saint-Denis.

Il résulte clairement de ce qui précède que pour procéder à la mise immédiate de Paris en état de défense, quel que soit d'ailleurs le système que l'on adopte, il suffit, pour le présent, de faire l'acquisition des terrains sur lesquels doivent passer les fortifications, de creuser les fossés, *en donnant aux escarpes et contrescarpes toute la roideur dont elles sont susceptibles*; de masser les remparts et les parapets, en ayant soin de tenir l'extrémité du talus extérieur de ceux-ci à 10 ou 12 mètres en arrière de l'escarpe, afin qu'elle ne supporte aucune poussée. Si l'on eût pris cette précaution quand on a construit les petits fortins de *Romainville*, *Noisy*, etc., les fossés ne seraient pas remplis par les éboulements des escarpes et des parapets, et leur force eût pu être considérablement augmentée par la plantation de haies vives sur la berne.

Envisagée de ce point de vue, la question des fortifications de Paris n'offre plus rien d'effrayant, ni sous le rapport du temps, ni sous celui de la dépense.

Supposons que l'on donne un relief de 8 mètres au-dessus du terrain naturel à la crête intérieure du parapet, que l'on fasse un chemin couvert en avant de la contrescarpe, dont la crête du glacis soit à $2^{m}50$ au-dessus de ce terrain naturel, et que la pente de ce glacis soit au douzième, chaque mètre courant de fortification exigerait 180 mètres cubes de remblai, que l'on obtiendrait à l'aide d'un fossé de 25 mètres de largeur sur $7^{m}50$ de profondeur, en supposant le prix du mètre cube à deux francs, ce qui suppose sept à huit hommes à la fouille, à la pelle et au transport; on voit qu'un seul homme pourrait creuser, charger et transporter chaque jour au moins deux mètres cubes, en sorte qu'en plaçant un homme par mètre courant, le travail du déblai et remblai s'exécuterait en

92 jours, coûterait 361 fr. 42 c. par mètre courant, et les terrassiers gagneraient 4 fr. par jour : cinquante mille mètres courants de développement ne coûteraient donc que dix-huit millions soixante-onze mille francs.

Le relief de 8 mètres au-dessus du terrain naturel est plus fort que celui généralement adopté ; Cormontaigne ne donnait que 6 mètres. Dans cette hypothèse, la surface du profil du rempart serait diminuée de 53 mètres, le remblai à faire, y compris celui du chemin couvert, serait de 127$^{m}$710 cubes, par mètre courant, qui s'exécuteraient en 64 jours et ne coûteraient que 255 fr. 42 c., en sorte qu'un développement de *cinquante mille* mètres n'entraînerait qu'une dépense de *douze millions sept cent soixante-onze mille* francs, et se réduirait à *neuf millions vingt-un mille* francs, si l'on supprimait le chemin couvert. Or, ce développement de *cinquante mille mètres* est à peu près celui qu'aurait une enceinte assez avancée *pour mettre Paris à l'abri du bombardement ;* d'où il résulte qu'une enceinte semblable n'exigerait pas plus de deux mois de temps et une dépense de *dix millions*, abstraction faite de l'acquisition des terrains. Nous pouvons en faire abstraction, car ces terrains acquis sont une propriété qui, loin de perdre sa valeur, en acquerra une beaucoup plus grande par le bon emploi des terres végétales, réparties sur les points qui en sont dépourvus maintenant.

Le raisonnement qui précède est général et s'applique aussi bien à des fronts faisant partie de *forts détachés*, qu'à des fronts faisant partie *d'une enceinte continue* ou *de toute autre combinaison plus ou moins avantageuse ;* il s'applique même aux ouvrages de campagne, ainsi que je l'ai dit plus haut.

En effet, autant une berme étroite, qui sert de relai pour arriver dans l'ouvrage, est dangereuse, autant une large berme, sur laquelle on peut faire des dispositions défensives et où les défenseurs peuvent se transporter facilement pour repousser les attaques de vive force, est avantageuse.

Vauban paraît avoir eu une idée vague des avantages que l'on pouvait retirer du reculement des parapets ; lorsque, à Neuf-Brisack, il a laissé aux contre-gardes une berme de 10 pieds, sur laquelle il a planté une haie vive de 2 pieds et demi à 3 pieds d'épaisseur, et un rang de palissades en arrière, ce qui formait un double obstacle assez puissant pour préserver des surprises les contre-gardes des fronts non attaquées en règle. Mais cette berme de 10 pieds était encore insuffisante, 1° parce qu'elle diminuait peu la poussée des terres contre l'escarpe ; 2° parce que la haie vive et le rang des palissades tombent dans le fossé lorsqu'on fait brèche à l'escarpe, une berme de *dix mètres* permet de placer *plusieurs rangs de haies vives séparées par des rues plus ou moins larges;* des abatis *qui dépassent l'escarpe et augmentent d'autant son élévation*, d'y planter des arbres qui serviraient à relier solidement des palissadements à l'aide desquels on formerait au besoin des galeries blindées ; en un mot, avec quelques haies perpendiculaires, *on formerait plusieurs enceintes et des retranchements très favorables pour défendre les brèches*, etc., etc.

Le principe sur lequel je me suis appuyé dans cette lettre a été mis au jour en 1821, je l'ai communiqué au Comité du Génie en 1824 ; il est aujourd'hui admis par les ingénieurs de toutes les nations (1), chaque jour on en fait des applications dans nos places, soit pour rectifier la direction des flancs des bastions des anciens tracés vicieux d'Errard, de Deville, etc., sans être obligé de démolir les maçonneries pour les reconstruire ensuite, soit pour éviter des enfilades dangereuses, soit pour

(1) A l'occasion de ce principe et de quelques autres, le *Spectateur Néerlandais*, tome IV, n° 2, dit : « Nit te blazen, en zoo zal ook de » onde Ingénieur-School in de tockomst te vergufa de denk bulden » Van Choumara trachteu omver te stooten of te verdnisteren. »

Le capitaine du génie néerlandais Camp traduit ainsi ce passage dans son mémoire sur la fortification :

« La vieille école du génie essaiera vainement à l'avenir de renverser ou d'éclipser les idées de Choumara. »

concentrer des feux sur des points où ils sont nécessaires ; en un mot, il a fait prendre une face nouvelle à la science de l'ingénieur ; ce n'est point ici le lieu d'en faire sentir la fécondité, elle se manifeste suffisamment par *l'application capitale qui peut en être faite, en si peu de temps et à si peu de frais, à la mise en état de défense de Paris et à la création, improvisée, de places nouvelles sur tous les points du territoire où le besoin s'en ferait sentir.*

Grâce à ce principe, la France ne peut plus être prise au dépourvu dans ses moyens de défense, comme elle le fut en 1814 et 1815 ; s'il eût été connu alors, Paris n'eût point été souillé par la présence d'insolents vainqueurs. Je pense, monsieur le Ministre, qu'il serait utile de populariser cette idée, par l'insertion de ma lettre dans les journaux ; si vous m'y autorisez, je la ferai mettre dans le journal des *Sciences militaires ;* je ne doute pas qu'elle ne soit reproduite par les journaux quotidiens, qui s'empresseront de faire connaître à la France entière que nous serons prêts à tout événement, et aux étrangers que nous serons en mesure de les bien recevoir s'il leur prend envie de nous visiter.

J'ai l'honneur d'être, avec respect,

Monsieur le Ministre,

Votre très humble et obéissant serviteur,

TH. CHOUMARA,

Chef de bataillon du génie.

# ENVOI A M. THIERS

DE LA PREMIÈRE LETTRE

SUR LES

# FORTIFICATIONS DE PARIS,

ET

EXTRAIT DE LA DEUXIÈME LETTRE

## AU MINISTRE DE LA GUERRE,

PAR

**TH. CHOUMARA,**

Chef de bataillon du Génie.

> D'un rien de plus, d'un rien de moins,
> Dépend le succès de nos soins.

---

> Comment se fait-il que des officiers-généraux du génie tels que MM. Rogniat, Haxo, Valazé et Bernard, professant, ostensiblement, un grand respect pour les idées de Vauban, s'en soient écartés précisément dans la circonstance où il a montré une si parfaite intelligence des besoins de la France! où sa prévoyance et sa supériorité se sont manifestées avec encore plus d'éclat que dans ses autres ouvrages? C'est une énigme dont je ne veux pas chercher le mot, car mon but est de convaincre et non de blesser les morts ou les vivants.

PARIS,

IMPRIMERIE DE BOURGOGNE ET MARTINET,

RUE JACOB, 30.

1840

# A M. Thiers,

Président de la Commission de la Chambre des Députés chargée du rapport sur les fortifications de Paris.

MONSIEUR,

J'ai l'honneur de vous adresser un *document officiel*, inconnu à MM. les membres de la Commission, pour l'examen du projet de fortifier Paris, mais que je suppose avoir été mis sous vos yeux par M. le Ministre de la guerre, et avoir exercé quelque influence sur votre détermination, quand vous étiez *président du conseil.*

Vous auriez, monsieur, rendu un service important au pays en prenant cette détermination, même sans le concours de la Chambre des députés, et malgré l'immense responsabilité que pouvait entraîner cette irrégularité, si l'enceinte que vous avez adoptée satisfaisait à la première condition, posée par Vauban, d'être *assez avancée pour empêcher le bombardement de la ville.* Malheureusement il n'en est point ainsi; votre enceinte, beaucoup trop rapprochée, permet ce bombardement sur tous les points, et laisse à l'ennemi des positions précieuses, qu'il est de la plus grande urgence *d'occuper fortement.*

Vous avez cru remédier à ce défaut en plaçant des forts sur quelques points, en avant de cette enceinte; en cela, Monsieur, vous vous êtes fait illusion complète; vous n'avez pas saisi les raisons qui ont déterminé Vauban à proposer *deux enceintes, dont la plus avancée fût à la grande portée du canon de la ville.* Vous êtes bien pardonnable de n'avoir pas *deviné* notre grand ingénieur, puisque tant de militaires de toutes armes et de tous grades se sont trouvés dans le même cas; mais alors il fallait consulter avant d'agir !

Permettez-moi, monsieur, de rectifier vos idées sur ce point, en mettant sous vos yeux quelques réflexions extraites de ma deuxième lettre, adressée au ministre de la guerre, quelques jours avant le changement du cabinet, mais qui n'a pas été reçue par M. le général de Cubières.

Quand il s'agit de l'intérêt et peut-être du salut de la France, on doit faire abstraction de ses affections particulières et se livrer avec bonne foi à la recherche de la vérité; aussi, *malgré ces affections*, mon opinion sur la fortification de Paris se rapproche plus de la vôtre que de celle de M. le maréchal Soult. Pour moi, l'enceinte continue est la base de tout projet raisonnable; mais, je le répète, et ne cesserai de le répéter, l'enceinte assez avancée pour que Paris ne puisse être bombardé.

Voici mes raisons : je les livre à votre méditation, bien persuadé que vous êtes trop bon citoyen pour mettre une question d'amour propre avant l'intérêt du pays, et que, si je parviens à vous convaincre que vous vous êtes trompé sur quelques points importants, vous serez le premier à proposer à la Chambre les rectifications indispensables.

D'après l'échelle de comparaison usitée dans le corps du Génie français, pour apprécier la durée probable du siége d'une place, un fort détaché, bien construit, d'après les méthodes en usage, ne peut soutenir que quinze jours de tranchée ouverte. Après sa chute il sert d'appui à l'ennemi pour s'avancer contre la place qui, dès ce moment, se trouve *exposée au bombardement.* En supposant qu'elle supporte cette épreuve avec courage, elle pourra encore tenir *vingt-cinq* à trente jours de tranchée ouverte! Ainsi, votre enceinte avec vos forts avancés conduiront à une défense de *six semaines*, ensuite Paris sera forcé de capituler, après avoir été ravagé, écrasé, brûlé par les bombes pendant un mois!

C'est là, monsieur, un mince et triste résultat pour les cent quarante millions de dépense qu'entraînerait votre système, indépendamment du temps précieux qu'il ferait perdre.

Ne croyez pas que j'exagère pour déprécier vos idées, je prends au contraire le cas le plus favorable, ainsi que vous allez le voir.

Napoléon faisant la critique des camps retranchés à la manière du général Rogniat, dit:

« Ces forts isolés seraient *bloqués*, *assiégés* et *pris dans les sept* » *premiers jours de l'investissement*, avant même que la ligne de » circonvallation ne fût terminée; ils seraient merveilleusement » placés pour la flanquer et l'appuyer, et avant que la tranchée ne » fût ouverte, la garnison de la place verrait tomber au pouvoir de » l'ennemi la moitié de son matériel, l'élite de ses bataillons, ce qui » certes ne pourrait qu'influer beaucoup sur son moral. »

Le général Rogniat lui-même, en essayant de répondre à cette accablante critique, est forcé de reconnaître *qu'un fort bien construit ne tient que quinze jours de tranchée ouverte*; il ajoute:

« Au reste, je ne pense pas que l'ennemi soit tenu de prendre les » quatre forts pour assiéger la place, *la prise d'un seul lui suffirait* » pour se donner l'espace suffisant à cette opération, *les forts collaté-* » *raux ne le gêneraient que peu*, et après la *chute de la place*, qui » leur servait d'appui, *ils ne feraient sans doute qu'une faible* » *résistance.* »

Ainsi, monsieur, y eût-il vingt forts en avant de l'enceinte de Paris, *ils feraient peu de résistance après la chute de la place*; que de conséquences politiques et militaires découlent de ce fait, ainsi que vous le verrez bientôt!

Pour arriver à *six semaines de tranchée ouverte*, j'ai supposé que Paris aurait la constance de se laisser bombarder pendant un mois; cela n'est cependant nullement probable. Aussitôt qu'une pluie de bombes arriverait au centre de la ville, on ne manquerait pas de voix pour faire entendre le mot de capitulation, d'autant que les magasins de vivres et de munitions pourraient être incendiés, et qu'alors la famine se joindrait aux autres fléaux, en sorte que la résistance n'irait peut-être pas à vingt jours.

Or, ce n'est ni dans vingt, ni dans quarante jours que l'on peut réunir les immenses moyens nécessaires pour débloquer Paris, si nos armées avaient éprouvé de grands revers.

Voilà, monsieur, pourquoi Vauban n'a point adopté une enceinte rapprochée, précédée par des forts isolés.

Vous allez voir de nouvelles preuves de la faiblesse de votre système, ou plutôt de la réunion des systèmes des généraux *Haxo*, *Valazé*, *Rogniat* et *Bernard*, dans le mémoire suivant.

# EXTRAIT DE LA 2e LETTRE

ADRESSÉE

# A M. le Ministre de la Guerre

LE 20 SEPTEMBRE,

SUR

# LES FORTIFICATIONS DE PARIS,

Présentant l'Examen raisonné
du système à suivre pour rendre Paris imprenable, sans compromettre ses monuments, la sûreté et les richesses de ses habitants.

## I

*Rôle que Paris est appelé à jouer dans la défense de la France.*

Avant de faire des projets pour fortifier une place, on doit examiner avec soin le rôle que cette place est appelée à jouer dans le système général de défense du pays et les conditions auxquelles elle doit satisfaire.

C'est ce que Vauban a fait, d'une manière claire et précise, relativement aux fortifications de Paris.

Considérant cette immense capitale comme *le vrai cœur de la France*, il a voulu que ce *cœur fût cuirassé*, de façon que le fer ennemi ne pût l'atteindre.

Il a voulu que ce vaste dépôt de la richesse et de la puissance nationale *présentât les moyens de réparer les malheurs de la patrie, quelque grands qu'ils fussent.*

Il a voulu que la destruction même de la plus grande partie de notre armée permanente n'entraînât point l'asservissement de la France au joug de l'étranger; que les débris de cette armée, *fussent-ils réduits à trente ou quarante mille* hommes, formassent, sous la protection des fortifications de Paris, un noyau capable d'en interdire l'entrée à toutes les armées ennemies, *quel que fût leur nombre*, et que ce faible noyau donnât à la nation le temps *de retremper sa force morale*, de réunir *en matériel* et *en personnel* les moyens nécessaires pour reprendre l'offensive et purger le territoire de la présence de l'étranger, *ou que la famine le forçât à quitter prise.*

## II

### *Bases fondamentales du projet de Vauban.*

Pour obtenir ces importants résultats, Vauban a proposé d'environner Paris par deux enceintes, *dont la plus avancée fût à la grande portée du canon de la ville*, et de former des approvisionnements de toute espèce pour *un an et plus.*

Avec ces dispositions, Vauban regarde Paris comme *imprenable* et *capable de résister à toutes les armées de la chrétienté.*

L'homme qui a pris le plus grand nombre de places fortes, qui s'est montré le plus habile dans l'art des siéges, qui a reformé et recréé cet art, savait le mieux apprécier la durée probable de la résistance des forteresses et tous les éléments qui peuvent y concourir, était évidemment le plus propre à résoudre ce grand problème. On est naturellement porté à croire que la place qu'il regardait comme imprenable pour lui, le serait encore pour tout autre, puisque l'art des siéges n'a point fait de progrès sensibles depuis sa mort.

Néanmoins, ne jurons point sur la parole *du maître*, demandons-lui compte de ses raisons, voyons s'il les a toutes exposées; tâchons de découvrir celles qu'il n'a point signalées, et quelles sont les véritables causes de l'*imprenabilité* qu'il promet.

Une condition essentielle, à laquelle toute fortification permanente doit satisfaire pour être bonne, est d'être à l'abri de l'attaque de vive force afin de mettre l'assaillant pans la nécessité d'ouvrir une ou plusieurs brèches.

Vauban satisfait complétement à cette condition en donnant *trente six* à quarante pieds aux murailles de ses enceintes, en les faisant précéder d'un fossé de dix à douze toises de largeur, profond de dix-huit à vingt pieds avec contrescarpe aussi revêtue en maçonnerie, en couvrant les portes par des demi-lunes également revêtues, et enveloppant le tout par un chemin couvert de six toises de largeur.

La deuxième enceinte, établie à la grande portée du canon de la première, met Paris à l'abri d'un bombardement, *tant que cette deuxième enceinte ne sera pas prise.*

L'approvisionnement de la place pour un *an et plus* la met à l'abri d'un blocus.

Il ne reste donc plus qu'à examiner quelle serait la durée probable de la résistance contre une attaque en règle.

## III

### *Durée probable de la défense de la place, fortifiée d'après ces bases, contre l'attaque en règle.*

Si pour juger la valeur absolue de la disposition de Vauban, on lui appliquait les règles adoptées dans le corps du génie français pour faire l'évaluation de la force des places, on trouverait que cette disposition ne satisfait pas à la condition d'imprenabilite que suppose l'approvisionnement pour un an, et que cette place succomberait longtemps avant que les vivres et les munitions ne fussent épuisés.

En effet, en faisant à l'enceinte avancée l'application des formules de Vauban lui-même, on trouve que les fronts de cette enceinte, avec demi-lunes et chemin couvert, ne soutiendraient pas plus de quarante-deux jours de siége, dont trente-trois jours de tranchée ouverte (1).

(1) En voici le détail tel qu'il se trouve dans le Traité de la défense des places de Vauban, édition Valazé, page 41 :

Après la prise de l'enceinte avancée, la place serait exposée à un bombardement qui pourrait hâter sa reddition, mais en supposant qu'elle subît cette épreuve et passât par toutes les phases d'un second siége, elle ne soutiendrait, au plus, que vingt-cinq jours de tranchée ouverte (1), ce qui fait en tout soixante-sept jours.

| | |
|---|---|
| « Pour l'investiture de la place, façon des lignes, amas » des matériaux et préparatifs pour l'ouverture de la » tranchée. | 9 jours. |
| » Depuis l'ouverture de la tranchée jusqu'à portée de » l'attaque du chemin couvert. | 9 |
| » Attaque et prise dudit chemin couvert y compris les » discussions des places d'armes et traverses, et un par- » fait établissement. | 4 |
| » Descente et passage du fossé de la demi-lune. | 5 |
| » Attachement du mineur, ou équivalent, les batteries » de canon jusqu'à l'ouverture d'une brèche raisonnable. | 4 |
| » Prise et discussion des dedans de la demi-lune. | 5 |
| » Passage du grand fossé aux deux bastions que l'on » suppose commencés avant la prise de la demi-lune. | 4 |
| » Attachement du mineur ou établissement des batte- » ries sur le chemin couvert pour ouvrir la place et y faire » brèche raisonnable. | 4 |
| » Défense et soutien des brèches après la place ouverte. | 2 |
| » Reddition de la place après sa capitulation. | 2 |
| » Fautes de l'ennemi, négligence de sa part et plus va- » lue de la défense estimée. | 4 |
| » TOTAL. | 48 jours. |

Sur quoi il faut observer que cette estimation est faite pour fixer l'approvisionnement de la place, par conséquent au maximum; mais pour évaluer la durée de la défense absolue, en supposant même que l'ouverture du bastion ne pût se faire qu'après la prise de la demi-lune (ce qui n'est pas toujours vrai), comme le suppose Vauban, il faudrait toujours retrancher les six jours qu'il accorde pour la capitulation, fautes de l'ennemi, négligence de sa part et plus value de la défense, parce qu'il est possible que l'ennemi ne fasse pas de fautes, que s'il en fait, elles seront probablement compensées par celles de la place, le total se trouve donc réduit à quarante-deux jours, en retranchant les neuf jours portés pour l'investiture, etc., il reste 33 pour le nombre de jours de tranchée ouverte.

(1) En voici le détail :

| | |
|---|---|
| Depuis l'ouverture de la tranchée jusqu'à la parfaite exécution de la troisième parallèle. | 9 jours. |
| *A reporter,* | 9 jours. |

La différence entre le résultat annoncé par Vauban et celui indiqué par l'échelle de comparaison, usitée dans le corps du génie pour mesurer la durée probable des siéges, tient à plusieurs causes :

La première est que, dans l'emploi de cette méthode, on fait abstraction des sorties de l'assiégé contre les travaux de l'attaque, ce qui peut avoir lieu, sans grande erreur, pour une petite place, dans laquelle il n'y a que *trois* à *quatre mille* hommes de garnison; mais il serait absurde de supposer que dans une place où il y aurait *trente* à *quarante mille* hommes de troupes réglées et au moins *quatre-vingt mille* de garde nationale, les défenseurs resteraient tranquilles spectateurs du progrès des attaques, sans les interrompre par de fréquentes sorties, *grandes* et *petites*.

Une deuxième cause d'erreur tient à ce que l'on ne considère comme ralentissant la marche des attaques que les feux de flanc ou de revers, qui mettent l'assiégeant dans la nécessité de prendre les ouvrages d'où partent ces feux avant de passer outre, tandis qu'il est évident que des feux directs assez nombreux, dirigés sur la tête des sapes, doivent arrêter presque complétement les cheminements de jour, et ralentir ceux de nuit, dont la direction est facile à prévoir. Dans une place comme Paris, où il y aura environ *mille* pièces d'artillerie, *plusieurs milliers* de canonniers, et un grand nombre de fronts en ligne droite, l'assiégeant ne parviendrait point à éteindre les feux de la place, elle en conserverait toujours assez pour ralentir sensiblement les

| | |
|---|---|
| *Report,* | 9 jours. |
| Depuis la troisième parallèle jusqu'au couronnement du chemin couvert des bastions. | 4 |
| Construction des batteries de brèche, des contre-batteries, leur armement et ouverture des brèches. | 4 |
| Descente de fossé commencée en même temps que les batteries du chemin couvert en sus. | 4 |
| Passage du fossé et soutien des brèches. | 4 |
| TOTAL. | 25 jours. |

cheminements rapprochés. Il est donc probable qu'il faudrait plus de *treize* jours pour arriver au couronnement du chemin couvert des fronts d'attaque, et que, comme le dit Vauban, l'assiégeant aurait déjà fait de grandes pertes(1).

(1) Vauban met les deux causes que je viens d'indiquer au nombre de celles qui doivent rendre Paris imprenable ; il en ajoute plusieurs autres qui seraient loin d'être concluantes aujourd'hui. Voici ce qu'il dit à ce sujet :

« Si, dans un temps *que toute la terre serait liguée contre vous*, » il arrivait que la frontière fût forcée et la ville en péril d'être as- » siégée, quelque malheur qui pût arriver à nos armées et au sur- » plus du royaume, il est probable qu'elle ne serait jamais tellement » défaite, que le roi ne fût toujours en état de retirer vingt-cinq à » trente mille hommes dans l'entre-deux des enceintes, auxquels » Paris pourrait en joindre huit à dix mille d'assez bonnes, levées » dans l'enclos de ses murailles, sans toucher à la garde des bourgeois » qui ne laisserait pas d'aller son train. Moyennant quoi, j'estime » qu'il n'y a pas dans la chrétienté d'armée, quelque puissante et » formidable qu'elle pût être, qui osât entreprendre de bombarder » Paris, et encore moins de l'assiéger dans les formes.

» Premièrement, qu'il ne leur serait pas possible de l'approcher » d'assez près pour pouvoir tirer des bombes jusque dans l'enclos » de la ville, à cause de la deuxième enceinte qui les tiendrait » éloignés à trois grands quarts de lieue de la première enceinte.

» Secondement, qu'il ne serait pas possible à une armée de deux » cent mille hommes de la prendre par un siége forcé, à cause de » l'étendue de sa circonvallation, qui ayant douze à treize grandes » lieues de circuit, l'obligerait d'étendre fort ses quartiers, qui en » seraient par conséquent affaiblis et à se garder partout également » sous peine d'en voir enlever chaque jour quelqu'un.

» Troisièmement, qu'il ne pourrait entreprendre deux attaques » séparées, puisque pour pouvoir fournir à la garde des tranchées, » il faudrait employer plus de trente mille hommes, sans compter » les travailleurs et gens occupés aux batteries.

» Quatrièmement, qu'on ne pourrait point le faire par deux atta- » ques liées, attendu que pour pouvoir fournir à la même garde, » il y aurait tels quartiers qui auraient trois journées de marche à » faire et autant pour s'en retourner, ce qui les mettrait dans un » mouvement perpétuel qui ne leur laisserait aucun repos.

» Cinquièmement, que dès le douze ou quinzième jour de tran- » chée, pour peu qu'il y eût eu d'occasions, leurs forces seraient » considérablement diminuées et leurs troupes obligées de monter » trois à quatre jours l'un, auquel elles ne pourraient pas relever à

Cependant l'ennemi ayant une multitude de bras à employer, et n'étant point retenu par la crainte de sacrifier beaucoup de monde, les retards occasionnés par les deux causes que l'on vient de signaler pourraient être restreints dans des limites assez étroites, parce que la fortification de Vauban, comme celle que l'on a faite jusqu'à présent, se prête peu à la défense active à l'extérieur; un assiégeant habile, en déployant à propos un grand feu d'artillerie et soutenant ses cheminements par de bonnes redoutes successives, imposerait aux sorties, atteindrait probablement les saillants des chemins couverts, construirait ses batteries de *brèche* et ouvrirait la place.

» cause de l'éloignement des quartiers, à quoi il faut ajouter que les
» *fréquentes sorties, grandes et petites qui se feraient à toute*
» *heure, par de si grandes troupes, le grand feu qui sortirait des*
» *remparts et chemins couverts*, *et la grande quantité de canons*
» *dont elle pourrait se servir,* empêcherait les travailleurs de faire
» chemin, et réduirait ce siége à une lenteur qui, ayant bientôt
» épuisé leurs armées d'hommes et de munitions, les contraindrait
» à lever honteusement le siége. »

En admettant, avec Vauban, ainsi qu'on doit le faire, pour être prêt à tout événement, le cas le plus défavorable, celui où Paris n'aurait qu'une garnison ordinaire de *trente à quarante mille* hommes de troupes réglées avec la garde nationale, et celui où une nouvelle coalition des grandes puissances de l'Europe aurait lieu contre la France réduite à ses propres forces, il est clair que si nos armées avaient été dispersées après de grandes batailles, l'ennemi se trouverait assez nombreux pour mener de front deux attaques liées ou séparées, des camps solidement établis, en même temps qu'ils serviraient au blocus, faciliteraient et appuyeraient ses opérations; avec la garnison supposée, ce serait en vain qu'on espérerait l'arrêter définitivement avant l'ouverture des brèches et les passages des fossés; mais par des raisons qui sautent aux yeux, ces brèches seront infranchissables, quel que soit le nombre des assaillants, parce qu'ils ne peuvent agir simultanément contre ces défilés.

## IV

### *Véritables causes de l'imprenabilité de la place fortifiée d'après les bases posées par Vauban.*

Ce n'est donc qu'après l'ouverture des brèches que la disposition de Vauban fera complétement sentir son influence et présentera des obstacles insurmontables à l'ennemi.

Il est évident, en effet, que quand une ou plusieurs brèches ont été faites à un corps de place, la défense de ces brèches devient très dangereuse, s'il n'y a pas de retranchement général offrant un refuge assuré à la garnison et à la population pour les mettre à l'abri des horreurs qui accompagnent une prise d'assaut: la garnison, fût-elle disposée à courir ces chances, elle en serait empêchée par la population et forcée de capituler, dans la crainte d'un échec, qui livrerait la ville au pillage et au massacre. Des retranchements faits dans les bastions pendant la durée du siége n'offriraient point une garantie suffisante, parce que le feu de l'ennemi empêche souvent cette espèce de retranchements d'arriver au degré de perfection nécessaire pour une dernière ressource.

Ainsi, dans le cas d'une seule enceinte, sans retranchement général, l'assiégeant se trouve dispensé des opérations les plus difficiles et les plus périlleuses d'un siége; des *passages de fossés*, de *l'attaque des brèches*, et des logements sur ces brèches. L'*armement de la population devient un obstacle à la défense, cet obstacle est d'autant plus dangereux que la population est plus nombreuse!*

Avec deux enceintes disposées comme nous l'avons dit, de *manière à tenir l'ennemi à la grande portée du canon de la ville*, tout change de face, non seulement la garnison devient libre de défendre l'enceinte avancée, jusqu'à la dernière extrémité, mais encore, la population, voyant que si cette enceinte est forcée, elle sera exposée à un bombardement, excitera cette garnison à la défense, lui prêtera son appui, portera son énergie au plus haut degré ! les assauts seront soutenus avec vigueur, les points enlevés seront immédiatement attaqués et repris, les retranchements en retirades, et les lignes transversales se multiplieront au besoin pour limiter le champ de l'attaque, en un mot chaque pouce de terrain sera disputé avec opiniâtreté et succès, *parce qu'il restera une grande ressource dans le retranchement général*, pour remédier aux accidents qui pourraient survenir. En supposant, ce qui est plus que douteux, qu'un assaut pût réussir momentanément à l'assiégeant, il se trouverait parqué sur un très petit espace, enveloppé de toutes parts, en prise à des feux de toute espèce; comment se maintiendrait-il dans une semblable position en présence de *trente* à *quarante mille* hommes de troupes aguerries, encouragés et soutenus par une population d'*un million* d'âmes ?

Ce n'est donc pas sans raison que Vauban a proposé deux enceintes pour fortifier Paris, c'était un moyen infaillible de *joindre la force morale à la force physique !* Avec deux enceintes on peut regarder comme certain que *la plus avancée ne sera pas prise*, car les logements sur les brèches seront impossibles. S'il n'y en avait qu'une, elle serait à peine défendue, parce que l'on ne soutiendrait point les assauts.

## V

### *L'imprenabilité de la place entière repose sur celle de la place avancée.*

C'est bien sur l'*imprenabilité* de l'enceinte avancée que Vauban base celle de la place entière, car, si la garnison et la population étaient assez lâches, ou assez ineptes, pour la laisser enlever, au moment où elles jouiraient de toutes leurs ressources en vivres, munitions, etc., *que les bombes ne peuvent atteindre*, comment trouveraient-elles du courage et de l'intelligence pour défendre l'enceinte rapprochée, après la perte de leurs principaux avantages, quand la ville serait écrasée et les magasins détruits par un bombardement?

## VI

*Liaison des diverses parties du projet.*

Dans ce projet, tout est donc lié, tout s'enchaîne avec une admirable simplicité; si l'on en retranche quelque partie, il perd aussitôt sa valeur.

Si l'on diminue l'approvisionnement, la place sera susceptible d'être enlevée par un simple blocus.

Si l'on supprime l'enceinte avancée, comme l'ont fait les généraux Haxo et Valazé, la place rentre dans le cas des grandes villes qui ne peuvent soutenir que vingt-cinq ou trente jours de tranchée ouverte et qui, étant exposées au bombardement dès le commencement du siége, se rendent presque toujours avant l'ouverture des brèches.

Enfin, si l'on supprime l'enceinte rapprochée, pour ne garder que la plus avancée, on évitera le bombardement, mais la ville se rendra probablement quand les brèches seront praticables, ce qui aura lieu après vingt-cinq à trente jours de tranchée ouverte, et les opérations les plus critiques du siége n'auront plus lieu.

## VII

*Premier défaut du projet de Vauban.*

Ce projet, si bien conçu sous tant de rapports, offrait cependant quelques défauts graves: Vauban n'avait pas prévu les accroissements énormes que Paris a pris depuis sa mort, il n'avait pas prévu que la ville, alors limitée au boulevard intérieur, sur la rive droite de la Seine, s'étendrait jusqu'à Montmartre, Belleville, Ménilmontant, etc.; qu'ainsi cette deuxième enceinte, qu'il voulait placer à plus de douze cents toises en avant de la première, se trouverait en contact avec la ville.

## VIII

*Correction de ce défaut.*

Il résulte de là que, *si Vauban reparaissait au milieu de nous, il placerait sa première enceinte ou retranchement général où il plaçait la seconde, et que cette seconde serait reportée à la grande portée du canon, en avant, afin de mettre la ville à l'abri du bombardement,* et qu'en cas de siége, *la population parisienne fût dans une sécurité aussi parfaite que si l'ennemi n'eût pas franchi la frontière.*

## IX

*Deuxième défaut de l'enceinte et correction de ce défaut.*

Une enceinte continue a le grave inconvénient que la perte d'un seul de ses points entraîne la chute de toute la place; le retranchement général diminue considérablement cet inconvénient, mais ne le fait pas entièrement disparaître; on peut y remédier d'une manière complète par la combinaison des bâtiments militaires avec les fortifications de l'enceinte, soit pour fermer des bastions à la gorge, soit pour former des réduits de sûreté également propres à la défense extérieure et à la défense intérieure, assez éloignés de la ville pour que les objections élevées contre les forts détachés du général Bernard ne puissent leur être appliquées (1).

(1) Toutefois, cette dernière disposition, excellente sous le rapport de la science de l'ingénieur, parce qu'elle prendrait à revers l'ennemi qui aurait pénétré par un point intermédiaire à deux bâtiments militaires, et l'empêcherait de marcher contre le retranchement général avant d'avoir attaqué et pris ces bâtiments, est subordonnée à des considérations politiques qui peuvent en modifier ou en faire ajourner l'exécution, il faut donc un projet qui permette de les appliquer ou de les supprimer à volonté; car il est des préjugés populaires auxquels il faut savoir se soumettre de bonne grâce pour ne pas compromettre ce qui est véritablement essentiel et indispensable à la sûreté du pays.

Avec cette modification, une enceinte continue est infiniment préférable à des forts détachés, ainsi qu'on va le voir, sans que, pour combattre ce système, il soit nécessaire de recourir à des suppositions injurieuses sur les intentions de son auteur et de ceux qui l'ont adopté.

## X

### *Comparaison du projet de Vauban avec celui des forts détachés du général Bernard.*

Supposons que l'on fasse passer une enceinte continue par les points désignés pour y placer les forts, et que sur l'emplacement de chaque fort on mette un bastion de grande dimension. Dans cet état des choses, si l'ennemi voulait pénétrer dans l'enceinte par un point intermédiaire à deux des grands bastions dont nous venons de parler, il lui faudrait faire une attaque régulière, cheminer jusque sur la crête du glacis, établir des batteries, faire une ou plusieurs brèches et une descente de fossé. Ce n'est qu'après ces opérations préliminaires, qui prendraient, comme nous l'avons vu, *vingt-trois jours*, que l'enceinte pourrait être enlevée, par une attaque de vive force, ou par un passage de fossé et un couronnement de brèche exécutés pied à pied.

Ainsi, pour occuper un point quelconque de l'enceinte, situé entre les emplacements désignés pour les forts, il faudrait au moins *vingt-trois jours* de travaux à l'ennemi, et *pour empêcher son établissement sur la brèche*, l'assiégé n'aurait à défendre qu'un défilé de *trente* à *quarante* mètres de largeur, pour la protection duquel il pourrait rassembler tous ses moyens de défense, et les renforcer par des retranchements intérieurs faits pendant la durée du siége. Les défenseurs auraient donc les plus grandes chances de succès! Malgré cela, les alarmes seraient vives dans la place, la population effrayée par cette brèche, indiquant la possibilité d'une prise d'assaut, forcerait probablement, comme on l'a déjà dit, la garnison à capituler, *s'il n'y avait pas, en arrière, une nouvelle enceinte pour la rassurer.*

Supposons maintenant que les grands bastions qui occupent les emplacements des forts détachés soient fermés à la gorge et casematés; ils deviendront alors de véritables forts, jouissant, comme ceux du projet, de l'avantage de ne pas tomber avec le reste de l'enceinte; ils empêcheront également l'ennemi de s'étendre sur tout le pourtour de la place, dans le cas où il aurait franchi la brèche.

Dans cette hypothèse, les alarmes de la population ne seraient pas moindres que si les grands bastions n'étaient pas fermés et casematés; la capitulation suivrait probablement l'ouverture de la brèche, *par cela seul qu'il n'y aurait pas de deuxième enceinte.*

## XI

*Les forts détachés sont la plus mauvaise des enceintes.*

Si nous comparons maintenant le projet des forts détachés à celui d'une enceinte, avec seize bastions *fermés à la gorge et casematés*, nous reconnaîtrons que cette ceinture de forts peut être considérée *comme une enceinte continue à laquelle on aurait fait seize brèches, dont la plus petite aurait neuf cents mètres, la plus grande trois mille quatre cents mètres, et les moyennes plus de deux mille mètres!*

## XII

*Conséquences de cette observation.*

Si une seule brèche, de *trente* à *quarante* mètres de largeur, faite à l'enceinte, suffisait pour porter la terreur dans la place et décider une capitulation, que serait-ce avec seize brèches qui, ensemble, formeraient un développement de *trente et un mille deux cents* mètres, abordables sur tous les points? Est-il un seul cammandant de place qui, dans une semblable position, osât attendre un assaut? Non, sans doute, car il y aurait plus que de l'imprudence à le faire.

Il est donc bien évident qu'après *vingt-trois* jours de tranchée ouverte contre une enceinte continue, dont *seize* bastions seraient fermés à la gorge et casematés, l'ennemi se trouverait dans une position beaucoup moins favorable que celle où il serait *dès le premier jour*, contre la ceinture de forts détachés. Si l'on admet que la place serait forcée de se rendre après ces *vingt-trois* jours de tranchée ouverte, parce qu'il y aurait *une* ou *deux* brèches de *trente* à *quarante* mètres de largeur, il faudra bien admettre aussi que la place, avec ses *seize* forts détachés, ayant *seize* brèches dont l'ensemble forme une ouverture de 31, 20 mètres, serait forcée de se rendre dès le premier jour, *sans combat*.

La conséquence naturelle de ces considérations est qu'il serait absurde de fortifier Paris par une ceinture de forts détachés, si l'on n'établissait pas en arrière une enceinte de sûreté à l'abri d'une attaque de vive force.

M. le général Bernard paraît avoir compris cette vérité, puisqu'il a proposé de tirer parti du mur d'octroi pour former cette enceinte de sûreté.

Examinons la valeur de son projet, dans cette hypothèse, pour cela, continuons la comparaison que nous avons commencée.

## XIII

### *Suite de la comparaison des deux projets.*

Le raisonnement à l'aide duquel nous avons conclu qu'après *vingt-trois* jours de tranchée ouverte devant une enceinte continue, dont *seize* bastions seraient fermés à la gorge, l'ennemi serait dans une position beaucoup moins favorable que celle où il se trouverait dès le premier jour devant une ceinture de forts détachés, *est général*, et s'applique aussi bien au cas où il y a, en arrière, une première enceinte pour servir de retranchement, qu'à celui où il n'y en a pas. En effet, avant d'arriver à l'enceinte de sûreté, enveloppe de la ville, il faudra commencer par forcer l'enceinte avancée; pour la forcer, il faudra y faire brèche, s'assurer la possession de cette brèche par un logement solide, ce qui entraînera au moins les *vingt-trois* jours dont il a été parlé, tandis que ces brèches sont toutes faites avec les forts détachés, et que rien n'empêche d'en occuper un ou plusieurs points.

Si l'on se reporte maintenant aux considérations présentées, sur la facilité de défendre une ou deux petites brèches escarpées, quand on a une nombreuse garnison, une multitude de bras pour retrancher ces brèches et un refuge assuré pour le cas où elles seraient forcées, ainsi que leurs retranchements; si l'on songe enfin que c'est sur la facilité d'avoir toujours la supériorité du nombre, l'avantage du terrain et de la force morale, qu'est fondée *l'imprenabilité* de la place fortifiée d'après le projet de Vauban; on reconnaîtra aisément que, comme nous l'avons déjà répété, cette petite brèche faite à l'enceinte avancée ne sera pas franchie, du moment que l'assiégé sera décidé à la bien défendre, et que, par conséquent, l'*enceinte de sûreté ne sera pas attaquée!* En sorte qu'il ne sera pas nécessaire de lui donner un grand degré de force; *il suffira qu'elle ne puisse être enlevée par un coup de main.*

Il n'en serait point ainsi avec une ceinture de forts détachés, les seize larges brèches ayant de 900 à 3430 mètres d'ouverture, ne sont pas susceptibles d'être retranchées d'une manière prompte et solide, ni défendues avec opiniâtreté, *par une simple garnison*, les *seize* routes pour arriver à l'enceinte de sûreté sont ouvertes, quelques redoutes réunies par des doubles caponières interdiraient les sorties aux garnisons des forts et les isoleraient complétement. Les distances entre quelques uns de ces forts sont telles que les attaques contre eux et contre l'enceinte de sûreté pourraient marcher de front; mais, en adoptant le cas le plus favorable à ce système, celui où l'attaque ne pourrait pas être simultanée, les forts dont on ferait le siége tomberaient après *quinze* jours au plus de tranchée ouverte (1). Si l'enceinte de sûreté était faible, comme le mur d'octroi, modifié par le général Bernard, elle tomberait quelques jours après. Si elle était bastionnée, comme celle des généraux Haxo et Valazé, elle serait prise vingt-cinq jours plus tard, *en supposant que le bombardement, auquel elle serait exposée, ne la fît pas rendre plus tôt!*

## XIV.

*Valeur d'une enceinte précédée par des forts détachés.*

Il résulte de ce qui précède, qu'en réunissant l'enceinte proposée par les généraux Haxo et Valazé avec les forts détachés du général Bernard, on ne formerait, comme nous l'avons déjà dit, qu'une place capable de résister, au maximum, pendant six semaines, et qui serait exposée au bombardement pendant un mois; ce serait là, nous le répétons, un *mince* et *triste* résultat, peu en harmonie avec le but que l'on doit se proposer d'atteindre, et que Vauban a fixé avec tant de justesse.

## XV.

*Pourquoi Vauban a proposé autre chose.*

Pour apprécier les deux projets discutés à la Chambre des députés en 1838, je les ai comparés avec celui de Vauban; cette pierre de touche ne leur a pas été favorable, cela était facile à prévoir. Comment supposer, en effet, que si une simple enceinte, ou une *faible enceinte* précédée par une ceinture de forts détachés, ou même une bonne enceinte précédée par ces forts, eût été de nature à satisfaire aux conditions du problème, *notre grand ingénieur* eût réfléchi si long-temps pour adopter une autre solution; n'avait-il pas vu un nombre considérable de grandes villes fortifiées par une enceinte? N'avait-il pas attaqué et pris un assez grand nombre de places protégées par une enceinte et des forts avancés? C'est parce qu'il avait une connaissance parfaite du peu de résistance dont ces places

(1) Voyez page 2.

étaient susceptibles, qu'il a senti la nécessité de recourir à d'autres moyens pour fortifier Paris, que l'on doit, *à tout prix*, empêcher de retomber entre les mains de l'ennemi.

Comment se fait-il que des officiers généraux du génie, tels que MM. Rogniat, Haxo, Valazé et Bernard, professant un grand respect pour les autres idées de Vauban, s'en soient écartés, précisément dans la circonstance où il a montré une si parfaite intelligence des besoins de la France, où sa prévoyance et sa supériorité se sont manifestées avec encore plus d'éclat que dans ses autres ouvrages? C'est une énigme dont je ne veux pas chercher le mot, car mon but est de convaincre et non de blesser les morts ou les vivants.

Mais, dira-t-on, comment songer à envelopper Paris par deux enceintes, ne faudrait-il pas pour cela des sommes énormes et un temps tellement considérable, qu'il serait impossible d'être en mesure, si une guerre prochaine devait avoir lieu?

Cette objection est grave et mérite d'être examinée avec soin, cherchons donc les moyens d'économiser le temps et l'argent, d'être promptement en état de défense en dépensant peu.

## XVI.

### *Moyens simples et infaillibles de mettre en peu de temps et à peu de frais Paris en état de défense.*

### *Première enceinte ou retranchement général.*

Nous avons déjà reconnu que la première enceinte, ou retranchement général ayant principalement pour objet de renforcer le moral de la garnison et de la population afin que l'enceinte avancée fût défendue à outrance, et par cela même devînt imprenable, il était probable que ce retranchement général ne serait point exposé à soutenir un siége en règle, qu'en conséquence il suffisait qu'il fût à l'abri d'un coup de main, pour le cas où l'ennemi aurait forcé ou surpris quelques points de la deuxième enceinte.

Dans son état actuel le mur d'octroi ne serait point susceptible de défense si l'ennemi était parvenu sur les hauteurs de Montmartre, de Belleville, de Ménilmontant et de Montrouge, car alors ce mur serait *dominé*, *enfilé*, *pris à revers et à dos* sur plusieurs points. La surélévation du mur, les deux rangs de créneaux, les tours bastionnées, les abattis, proposés par le général Bernard, seraient des dépenses parfaitement inutiles et ne remédieraient point à ces défauts. Le moyen le plus simple de les faire disparaître est d'autoriser la ville à porter la ligne de l'octroi en avant de ces positions importantes, elle sera grandement indemnisée de cette dépense par l'augmentation de ses revenus. Elle devra se conformer pour cette construction aux plans et alignements qui lui seront donnés pour que le nouveau mur acquière les propriétés défensives convenables. Cependant, si l'on trouvait quelque inconvénient sous le rapport politique à étendre la ligne de l'octroi, l'état pourrait faire cette dépense, qui serait peu considérable et n'est pas de première urgence ainsi qu'on va le voir.

La ville pourrait également être autorisée à envelopper les grands faubourgs tels que La Chapelle, La Villette, etc. Mais cela n'est point de rigueur, *le système défensif n'y gagnerait rien et y perdrait peut-être*, à moins que l'on ne fît de l'enveloppe de ces faubourgs un couronné qui s'appuierait sur ceux de Montmartre et de Belleville, dont la défense deviendrait alors très facile, et dont la chute laisserait encore le retranchement général intact.

Dans tous les cas ces travaux doivent commencer par les plus nécessaires, c'est-à-dire par les *enveloppes* de Belleville, Montmartre et le Petit-Montrouge.

Ces trois couronnés une fois construits, rien de plus facile que de mettre le retranchement général non seulement en état de résister à une attaque de vive force, mais aussi à un siége en règle, en pratiquant en avant, sur tout son développement, un fossé de quatre à cinq mètres de profondeur dont le fond se raccorderait avec le mur par un talus, et dont les terres serviraient à former un couvre-face, capable de porter batterie partout où cela serait nécessaire, des tambours, des blockhaus en corps d'arbres ou en charpente, suppléeraient les tours bastionnées en maçonnerie pour flanquer les parties de l'ancien mur qui en sont dépourvues. En arrière de ce mur, formant escarpe, on laisserait un large chemin des rondes et faisant l'application du principe relatif à l'indépendance des parapets et des escarpes, on établirait, partout où cela serait nécessaire, des batteries inaccessibles à l'ennemi, tant qu'il n'aurait pas fait brèche au mur d'octroi, brèche qu'il ne pourrait faire qu'en s'établissant sur le couvre-face.

Il résulte de ce qui précède que le retranchement général ne doit nullement nous inquiéter, qu'il n'en coûtera rien à l'État pour le préparer, qu'en moins de deux mois il peut être mis dans un parfait état de défense par de simples travaux de campagne qui s'exécuteraient pendant le siége de l'enceinte avancée. Enfin ce retranchement général n'exigera aucunes servitudes nouvelles pour les constructions, l'espace de cinquante toises déjà fixé par la ville pouvant suffire à tous les besoins de la défense.

Si une guerre avait lieu avant que les parties du mur d'octroi qui doivent envelopper Belleville, Montmartre et le Petit-Montrouge ne fussent faites, on y suppléerait par des retranchements et des palissadements bien couverts qui se raccorderaient avec les autres parties de cette première enceinte. Les bras et les autres moyens matériels ne manqueraient pas pour se mettre très promptement en mesure, même pendant la durée du siége de la première enceinte. Occupons-nous maintenant de celle-ci qui est le point capital.

## XVII.

*Enceinte avancée.*

*Moyens de le mettre promptement en état de défense.*

Nous avons déjà fait remarquer qu'une place comme Paris, dont la garnison, en temps de siége, se composera, au minimum, de *trente* à *quarante mille* hommes de troupes réglées, de *soixante* à *quatre-vingts* mille hommes de garde nationale, et dans certains cas recevra des armées entre ses deux enceintes ou dans des camps placés en avant, pour se préparer à livrer des batailles décisives, doit, par son tracé et les points du terrain sur lesquels on fait passer son enceinte avancée, offrir tous les avantages possibles sous le rapport de l'attaque comme sous celui de la défense.

D'un autre côté, la condition de tenir l'ennemi assez éloigné de la ville pour qu'il ne puisse la bombarder est de rigueur pour le présent, il est même convenable de prévoir les agrandissements successifs qui auront lieu par la suite.

On satisfera à ces deux conditions essentielles sans s'étendre outre mesure en faisant passer cette enceinte par les points suivants.

Sur la rive droite de la Seine :

En avant du Port-à-l'Anglais, de Charenton, de Saint-Mandé, dans le bois de Vincennes, de manière que le château reste comme ouvrage avancé, sur le plateau de Bagnolet, en avant de Pantin, en arrière d'Aubervilliers et de Saint-Ouen, en avant de Clichi-la-Garenne, de Neuilly, du bois de Boulogne :

Sur la rive gauche :

En avant d'Issy, de Vanvres, du parc de Montrouge, en arrière d'Arcueil, de Villejuif, en avant d'Ivry et du Port-à-l'Anglais (1).

(1) En cherchant à fixer les points les plus favorables pour y faire passer l'enceinte avancée, on rencontre des difficultés assez

L'enceinte qui passerait par ces points aurait *quarante-six mille mètres* de circuit, si on lui appliquait des fronts ordinaires à la Vauban de *trois cent soixante-cinq mètres* de côté extérieur moyen, il en faudrait *cent vingt-six*,

fortes, à cause du grand nombre de villages qui environnent Paris. Ces villages sont tellement rapprochés qu'on ne peut en envelopper un sans se trouver soumis à l'influence de quelque autre placé de manière à favoriser les attaques de l'ennemi. Ainsi, l'enceinte que je propose, et que *je considère comme un minimum*, laisse en dehors et à des distances peu éloignées : Billancourt, Boulogne, Saint-Ouen, Aubervilliers, Romainville, Montreuil, Vincennes, Maisons, Vitry, Villejuif, Arcueil, Cachan, Bagneux, Châtillon, Clamart, etc. Tous ces villages faciliteraient beaucoup l'investissement de la place, et l'ennemi ne manquerait pas de les occuper et de les retrancher fortement. Sous ce rapport, il paraîtrait avantageux de les comprendre dans l'enceinte, cela n'exigerait que quinze à seize fronts de plus, et l'on aurait l'avantage de renfermer une zône de plus de quinze cents mètres de largeur moyenne sur un développement d'environ trente mille mètres, ce qui donnerait plus de quatre mille cinq cents hectares de terrain en sus de celui renfermé par l'enceinte indiquée au plan; l'augmentation de la dépense serait donc largement compensée par les autres avantages que nous venons d'énumérer. On doit toutefois observer que l'enceinte ainsi portée en avant se retrouve de nouveau en présence d'une ceinture de villages dont l'ennemi profiterait aussi pour appuyer ses attaques, La Cour-Neuve, Baubigny, Bondy, Merlan, Rosny, Fontenay-aux-Bois, Nogent-sur-Marne, Saint-Maur, Creteil, Choisi, Thiais, Chevilly, L'hay, Bourg-la-Reine, Sceaux, Plessis-Piquet, etc., sont par rapport à cette nouvelle enceinte ce qu'étaient les premiers à l'égard de celle que nous adoptons. Si l'on voulait se porter plus en avant, de nouvelles ceintures se présenteraient; il faut donc savoir se borner. La disposition que j'ai adoptée me paraît parfaitement satisfaire au cas le plus défavorable, celui où Paris n'aura pour sa défense que trente à quarante mille hommes de troupes réglées et sa garde nationale. Dans le cas où des armées se retireraient sous Paris pour coopérer à sa défense, tous ces villages entreraient dans le système des camps retranchés, dont nous parlerons bientôt.

Pour le moment, il nous suffit de prévenir que nous adopterions volontiers tout changement ayant pour objet de porter des parties de notre enceinte *plus en avant*, tandis que nous considérerions comme un mal toute disposition qui tendrait à la rapprocher de la ville.

chaque front ayant 453 mètres de développement ; le total serait de *cinquante-sept mille soixante-dix-huit mètres* courants.

Si l'on adoptait pour cette enceinte un profil semblable à celui proposé par le général Valazé pour l'escarpe de son corps de place, qui entraîne cinquante mètres cubes de maçonnerie par mètre courant de revêtement, il en faudrait *deux millions huit cent cinquante-trois mille neuf cents mètres cubes*. D'après son prix *fictif* de *douze francs* le mètre cube, ils coûteraient *trente-quatre millions deux cent quarante-six mille huit cents francs* pour le mur d'escarpe seul.

Ainsi que je l'ai déjà fait observer dans la première lettre, une semblable dépense serait beaucoup trop considérable pour les services qu'elle rendrait, car elle ne prolongerait pas la durée du siége de vingt-quatre heures ; elle exigerait en outre un temps très considérable pour la mise en état de défense ; heureusement nous avons vu comment cette somme énorme et ce temps précieux pouvaient être économisés, au moins pour le présent, par l'application du principe relatif à l'indépendance des parapets et des escarpes ; en sorte que nous n'avons à nous occuper que des terrassements, que nous pouvons maintenant fixer d'une manière précise.

Nous avons dit que pour chaque mètre courant de remblai, dans l'hypothèse d'un relief de huit mètres au-dessus du terrain naturel, et avec un chemin couvert dont la crête serait à deux mètres cinquante au-dessus du même terrain, il faudrait 180 mètres cubes de remblai, qui coûteraient 360 fr. ; pour l'enceinte entière de 57078 mètres, il en coûterait *vingt millions cinq cent quarante mille huit cent quatre-vingts francs*, qui se réduiraient à *quatorze millions cinq cent soixante-dix-huit mille huit cent soixante-deux francs soixante-treize centimes*, si l'on se bornait à un relief de 6 mètres ; et qu'enfin la dépense serait réduite à *dix millions deux cent quatre-vingt-dix-huit mille douze francs*, si l'on supprimait le chemin couvert; ce que, du reste, nous nous garderions bien de faire par la suite, mais que l'on peut ajourner provisoirement jusqu'à la fin des autres ouvrages. Nous pensons aussi que le relief de 8 mètres, quoique plus coûteux, doit être préféré, pour plusieurs raisons importantes que nous développerons bientôt. Quant au glacis, nous aurons à examiner s'il vaut mieux le faire intérieur ou extérieur au fossé, et dans quel cas il conviendra de faire l'un et l'autre.

## XVIII

*Combinaison des bâtiments militaires et civils, avec la fortification, pour améliorer la défense de l'enceinte et lui donner les propriétés des forts détachés, sans en avoir les inconvénients.*

Nous avons fait remarquer qu'une enceinte continue, disposée à l'ordinaire, avait un défaut grave, la perte d'un de ses points entraîne la chute de tout le reste; nous avons dit qu'il était facile de faire disparaître ce défaut en combinant les bâtiments militaires avec les fortifications, soit pour fermer des bastions à la gorge, soit pour former des retranchements également propres à servir contre l'attaque extérieure et contre l'attaque intérieure, dans le cas où l'ennemi aurait pénétré par un point intermédiaire à deux bâtiments.

Notre plan présente une application de cette idée; nous avons placé des bâtiments, soit militaires, soit civils, sur tous les points les plus exposés à être attaqués et les plus importants à garder, c'est-à-dire partout où il y a des saillants, aux angles en retour. Ces bâtiments présentent donc une double enceinte sur ces points d'attaque; *indépendamment du retranchement général*, les troupes ont l'avantage d'être logées dans des bâtiments à l'épreuve de la bombe et précisément près des fronts qu'elles doivent défendre, en sorte que *les surprises deviennent impossibles;*

enfin, les tours bastionnées qui réunissent les corps de bâtiments, en font de véritables forts qui, étant couverts par des contre-gardes en terre, sont parfaitement en mesure de soutenir un siége en règle.

Nous n'avons pas pour le moment à nous occuper de la dépense nécessaire pour la construction de ces bâtiments, puisqu'ils remplaceront des casernes placées dans l'intérieur de la ville et peu propres à leur destination, telle que la caserne de l'Ave-Maria et autres du même genre, dans lesquelles les soldats sont, non seulement mal logés, mais encore exposés à être assaillis, enveloppés et désarmés, sans pouvoir opposer une résistance efficace contre une émeute conduite avec intelligence.

Une partie de ces bâtiments pourrait aussi servir d'abattoirs; les rez-de-chaussées forment d'excellentes écuries pour y placer les bestiaux, les bouchers auraient l'avantage de prendre à loyer les parties correspondantes des fortifications, et pourraient ainsi faire pacager les bestiaux sur les glacis et les terre-pleins des bastions. D'autres parties serviraient pour des magasins, des entrepôts, etc.

Les points sur lesquels il nous paraît convenable d'établir ces bâtiments, sont les suivants :

Sur la rive gauche de la Seine :

1er En avant d'Ivry et du château de Saint-Frambourg, ayant action sur le cours de la Seine et sur les routes de Choisy, Melun, Fontainebleau.

2e Sur le plateau de Villejuif, près d'Arcueil, battant la vallée de la Bièvre et la route de Fontainebleau.

3e En avant du parc de Montrouge, battant la route d'Orléans, croisant ses feux avec la caserne d'Arcueil.

4e En avant du parc d'Issy, battant la route de Versailles et le chemin de fer qui conduit à cette ville.

Sur la rive droite de la Seine :

5ᵉ En arrière de Billancourt, près l'île Saint-Germain, commandant le cours de la Basse-Seine, la route de Sèvres, et croisant ses feux avec la caserne d'Issy ;

6ᵉ A droite du village de Boulogne ;

7ᵉ En arrière de la gare de Saint-Ouen, battant la route de Neuilly à Saint-Denis ;

8ᵉ Entre la glacière de Saint-Ouen et la route de Paris à Saint-Denis ;

9ᵉ Entre les canaux de l'Ourcq et de Saint-Denis, commandant les routes du Bourget et de Meaux ;

10ᵉ Sur le plateau entre Pantin et Romainville, croisant ses feux avec ceux de la caserne 9 ;

11ᵉ Sur le plateau de Bagnolet, croisant ses feux avec la caserne 10 et le fort de Vincennes ;

12ᵉ En avant de Charenton, croisant ses feux avec ceux du fort de Vincennes et avec l'École d'Alfort ;

13ᵉ L'École d'Alfort, servant de tête de pont et battant les routes de Nogent et de Montereau.

Voici le tableau des distances de ces bâtiments entre eux et au mur d'octroi :

| | | | | | Au mur d'octroi. |
|---|---|---|---|---|---|
| Du N° | 1 | au N° | 2 | 2,900 mètres. | 4,200 mètres. |
| — | 2 | — | 3 | 1,100 | 3,600 |
| — | 3 | — | 4 | 3,200 | 3,400 |
| — | 4 | — | 5 | 1,600 | 4,450 |
| — | 5 | — | 6 | 2,300 | 4,500 |
| — | 6 | — | 7 | 8,400 | 3,900 |
| — | 7 | — | 8 | 1,600 | 3,000 |
| — | 8 | — | 9 | 3,000 | 2,750 |
| — | 9 | — | 10 | 1,900 | 3,500 |
| — | 10 | — | 11 | 1,900 | 3,900 |
| — | 11 | — | 12 | 3,900 | 2,600 |
| — | 12 | — | 13 | 800 | 2,900 |
| — | 13 | — | 1 | 2,400 | 3,950 |

L'espace de 8,400 mètres, qui se trouve entre les bâtiments n^os 6 et 7, est considérable ; cependant nous ne jugeons pas nécessaire de placer des casernes intermédiaires, parce que les villages de Neuilly et de Clichy-la-Garenne en tiendraient lieu, soit pour le logement des troupes en cas de siége, soit pour servir de retranchements si l'on attaquait sur ces points, ce qui est d'autant moins probable que nous proposons aussi une tête de pont en avant de Neuilly sur la rive gauche de la Seine ; l'espace entre les n^os 11 et 12, de 3,900 mètres, est aussi trop considérable pour que ces bâtiments puissent croiser leurs feux avec fruit ; mais le château de Vincennes étant intermédiaire, la distance se trouve partagée en deux et réduite à environ 1,900 mètres ; toutefois, il pourrait être avantageux de fermer aussi quelques bastions à la gorge, tels que le bastion 10 entre les n^os 1 et 2, le bastion 26 entre les n^os 3 et 4, le bastion 43 entre les n^os 5 et 6, les bastions 52 et 66 entre les n^os 6 et 7, le bastion 85 entre les n^os 8 et 9, les bastions 110 et 114 entre les n^os 11 et 12, enfin le bastion 127 entre les n^os 1 et 13.

On aurait ainsi treize casernes défensives ou autres bâtiments militaires et civils, neuf bastions retranchés et fermés à la gorge, disposés de telle manière que toutes les avenues importantes seraient gardées, et que l'ennemi, eût-il forcé un point de l'enceinte avancée, il lui serait impossible de s'avancer contre le retranchement général, avant d'avoir pris au moins deux ou trois de ces bâtiments.

Jusqu'à présent, je n'ai considéré la question que sous le point de vue militaire, et sous ce rapport il est impossible de ne pas reconnaître les avantages que présente cette disposition, tant pour la défense extérieure que pour la défense intérieure. Il est temps de l'examiner sous le point de vue politique, car il faut prévoir toutes les objections et avoir égard, comme nous l'avons dit plus haut, aux craintes ou aux préjugés des peuples, alors même qu'ils sont mal fondés ; à plus forte raison lorsque les objections présentent quelque apparence de raison.

## XIX

### *Bâtiments militaires défensifs, considérés sous le rapport politique.*
### *Influence qu'ils peuvent exercer sur la stabilité du gouvernement.*

Nous venons de voir que nos bâtiments militaires distribués sur le pourtour de l'enceinte avaient pour premier objet de loger les troupes près des points qu'elles sont principalement appelées à défendre et de rendre ainsi les surprises impossibles.

En second lieu, nous avons donné à ces bâtiments, *rendus défensifs*, la propriété de servir de retranchement sur tous les points les plus exposés à l'attaque extérieure; cette propriété, ainsi que la première, n'est susceptible d'aucune objection raisonnable; mais la troisième propriété, d'être défensifs contre l'attaque intérieure, si l'ennemi avait forcé quelqu'un des points de l'enceinte avancée, n'est-elle pas applicable à la population parisienne? Ces bâtiments militaires ou civils défensifs, par leur combinaison avec les fronts de l'enceinte, ne forment-ils pas de véritables forts, dont les garnisons pourraient comprimer la population, soit en lançant contre elle des projectiles, soit en interceptant l'arrivage des vivres sur toutes les routes qu'ils commandent? A cette double question je répondrai avec franchise: oui, à la rigueur, le gouvernement pourrait, pendant quelque temps, trouver dans cette disposition un appui contre la population, si celle-ci était tentée de se révolter; oui, les troupes logées dans ces casernes défensives seraient parfaitement en mesure de résister à toute tentative d'émeute *partielle*, qui ne serait point appuyée par la population tout entière; oui, les troupes placées dans ces casernes, ayant leurs communications assurées par les fossés de l'enceinte, pourraient se réunir avec facilité pour agir de concert et se porter en force sur tous les points où leur présence serait nécessaire; oui, malgré les distances considérables auxquelles ces bâtiments se trouvent du mur d'octroi, il serait possible de lancer quelques bombes sur Paris, si le gouvernement était assez insensé pour en donner l'ordre, et s'aliéner ainsi le cœur de la population tout entière; oui, enfin, les troupes placées dans ces bâtiments pourraient intercepter l'arrivage des vivres destinés aux habitants de Paris.

On voit que je n'élude pas la difficulté, que je l'envisage de front dans toute son étendue; cherchons les moyens de la faire disparaître.

Le premier, le plus complet, serait sans contredit de supprimer ces bâtiments; aussi mon projet est-il rédigé de manière qu'en faisant cette suppression, l'enceinte resterait intacte. Si la population manifestait une répugnance trop grande, il serait convenable d'ajourner l'établissement de ces bâtiments, en conservant cependant pour l'enceinte le même tracé, qui permettra de les placer lorsque la population, éclairée sur ses véritables intérêts, cessera de s'y opposer; mais alors l'enceinte aurait le défaut dont nous avons parlé, *la perte d'un de ses points entraînerait la chute de tout son développement.*

Le deuxième moyen, aussi sûr et beaucoup plus avantageux, serait de placer ces bâtiments sur les mêmes points indiqués au plan, en ne leur donnant des propriétés défensives pendant la paix que contre l'attaque extérieure, et *réservant pour le temps de guerre l'établissement des contre-gardes en en terre qui doivent servir de couvre-face*, ce ne serait donc qu'en temps de guerre que l'on creuserait les fossés qui doivent fournir les terres pour ces contre-gardes, et pour les parapets à placer sur les tours bastionnées et sur les autres corps de bâtiments; c'est ainsi que nous les avons marqués sur le plan, à l'exception de la caserne n° 9, que nous avons complétée, pour exemple, contre l'attaque extérieure et contre l'attaque intérieure, de manière à lui donner la plus grande force possible, à l'aide des fossés à glacis intérieurs, demi-lunes, réduits de places d'armes saillantes, etc.

Ainsi, sous le rapport politique, notre disposition est à l'abri de toute objection, puisque les parties qui pourraient porter ombrage peuvent être supprimées ou ajournées, au temps de guerre, en stipulant que les fossés faits alors pour couvrir ces bâtiments par des contre-gardes seraient comblés à la paix.

Le seul emplacement de ces bâtiments mettrait, ainsi que je l'ai déjà dit, à l'abri des émeutes partielles; quant aux insurrections générales, comme celle qui a éclaté en 1830, ce sont des torrents auxquels rien ne résiste ; c'est à la sagesse du gouvernement à les empêcher de naître, en se plaçant à la tête de l'opinion et marchant avec son siècle.

En jetant un coup d'œil sur le tracé arrêté d'après le programme du ministère du premier mars, on reconnaîtra, ainsi qu'il est dit dans l'avant-propos, que les quatre forts détachés qui se trouvent sur la rive gauche de la Seine occupent précisément les mêmes emplacements que nos bâtiments défensifs, en avant du château de Saint-Frambourg, sur le plateau de Villejuif, en avant du château de Mont-Rouge et en avant d'Issy.

Dans notre projet, nous profitons des bâtiments de l'École vétérinaire d'Alfort, pour former retranchement sur ce point; le ministère du 1er mars y fait placer un fort.

Nous plaçons sur la hauteur, à l'angle sud-ouest du bois de Vincennes, des bâtiments défensifs. Ce point est extrêmement important, non seulement parce qu'il se combine avantageusement avec le fort de Vincennes, mais encore parce qu'il domine tout le terrain compris entre la rive gauche de la Marne et la Seine ; le projet ministériel ne présente rien sur ce point, qui reste par conséquent à la disposition de l'ennemi; dès lors, le fort placé en avant d'Alfort devient d'une faiblesse extrême ; ses fronts d'attaque seront pris à revers, à dos et d'enfilade par les batteries établies sur le plateau de Charenton, très certainement ce fort ne tiendrait pas huit jours de tranchée ouverte ; il ne peut acquérir de la valeur, *comme tête de pont*, que par l'établissement, sur la hauteur, d'un fort plus avancé qui le préserve de ces feux d'enfilade et de revers.

Le plateau en avant de Pantin, sur lequel nous avons placé des bâtiments défensifs contre l'attaque intérieure et extérieure, reçoit aussi un fort dans le projet ministériel ; voilà donc six points de notre enceinte qui sont à la même distance du mur d'octroi que les forts détachés, et qui protégeront de la même manière la ville contre le bombardement : la seule différence qu'il y aura c'est que *notre enceinte ne pourra être enlevée*, tandis que les *forts le seront en quelques jours*.

Les raisonnements à l'aide desquels nous avons démontré que l'enceinte avancée ne pouvait être enlevée du moment où il y avait un retranchement général en arrière qui permet de défendre cette enceinte à outrance, s'applique à plus forte raison à tous les points de cette enceinte, où les bâtiments défensifs forment réduit, puisque par rapport à ces points le retranchement général représente *une troisième enceinte*, si les fronts correspondant aux bâtiments ont des *fossés à glacis intérieurs*, avec *réduit central, demi-lunes, chemin couvert et réduits de place d'armes saillantes*, comme nous l'avons indiqué pour les fronts correspondants au n° 9. On pourra les considérer comme ce qui a été fait jusqu'à ce jour de plus fort avec le moins de dépense possible.

Il convient maintenant d'examiner lequel offre le plus de sécurité au gouvernement, des forts détachés, placés en avant d'une enceinte continue, ou des bâtiments défensifs, répartis sur le développement de l'enceinte, portée en avant sur la ligne de ces forts.

Ici je dois parler avec une entière franchise, dire la vérité à tout le monde, afin que le Gouvernement et la Chambre puissent se décider avec connaissance de cause.

Il peut se présenter deux cas dans lesquels les forts détachés ou les bâtiments défensifs seraient appelés à jouer un rôle contre la population, ou une partie de la population ; ces cas sont une émeute partielle, ou une émeute générale, autrement dit, une insurrection, prélude d'une révolution.

Dans le premier cas, les forts détachés rendraient très peu de services, si les insurgés étaient assez nombreux et assez forts pour faire la loi dans l'intérieur de Paris, ils seraient par cela même maîtres de l'enceinte, ils disposeraient du canon établi sur les remparts ; dès lors ils seraient en mesure d'attaquer les forts détachés, dont les petites garnisons seraient bientôt forcées de se rendre.

J'ai déjà cité (page 21) le passage très expressif du général Rogniat, où il reconnaît *qu'après la chute de la place qui leur servait d'appui, les forts ne feraient qu'une faible résistance.* Si l'on pense aux influences qui pourraient être exercées sur les défenseurs pour les engager à se rendre plutôt à des compatriotes qu'à des étrangers, on sera conduit à conclure avec nous que ces forts en avant de l'enceinte ne peuvent exercer que très peu d'influence sur une émeute, même partielle, qu'ils n'empêcheraient point une surprise, *qui pourrait mettre le petit nombre en état de faire la loi au plus grand.*

Il n'en serait point ainsi avec la position adoptée pour nos bâtiments defensifs. En temps de paix ils sont les magasins naturels dans lesquels se trouve renfermé tou le matériel ; ce matériel se trouve sous la garde des troupes, où les hommes, logés dans ces bâtiments, ont, comme je l'ai dit plus haut, leurs communications assurées par les fossés de l'enceinte, dont la possession leur est forcément acquise, ils peuvent donc combiner leurs mouvements ultérieurs ; ainsi toute surprise devient impossible, et une émeute partielle ne peut réussir.

Si une émeute, même partielle, peut obtenir du succès contre une enceinte continue précédée par des forts détachés, à plus forte raison une insurrection générale en obtiendrait-elle, tandis que sa réussite serait extrêmement difficile contre notre disposition tant que les troupes resteraient fidèles au gouvernement.

La répartition des bâtiments défensifs sur les divers points de l'enceinte offre douc une grande sécurité et un gage de durée au gouvernement; le seul danger à craindre serait qu'il n'en abusât pour comprimer l'opinion publique. J'ai indiqué le moyen de parer à cet inconvénient, en stipulant que les terrassements et fossés destinés à couvrir les murs des bâtiments ne seront entrepris qu'en cas de guerre, et que les fossés du côté de la ville seront comblés à la paix. Avec cette condition, les bâtiments défensifs auront encore assez de force pour empêcher la réussite d'une émeute partielle ainsi qu'on vient de le dire.

Enfin, pour compléter la garantie des deux côtés, on peut poser en principe qu'aucun des bâtiments défensifs ne pourra être établi qu'en vertu d'une loi spéciale.

## XX

### *Complément du projet.*

### *Points qu'il est convenable d'occuper par les forts détachés.*

Jusqu'à présent j'ai envisagé les fortifications de Paris sous le point de vue le plus défavorable. Celui où la place ne serait défendue que par 30 à 40 mille hommes de troupes réglées et par sa garde nationale : ce qui suppose que nos armées seraient occupées sur d'autres points, ou auraient éprouvé de grands désastres. Nous avons vu que, dans ces cas, *Paris serait encore imprenable et fournirait les moyens de réparer les malheurs de la patrie, quelque grands qu'ils fussent.*

Nous avons repoussé les forts détachés, établis en avant d'une enceinte rapprochée, comme moyen d'empêcher le bombardement, parceque ce moyen, fût-il efficace, il ne le serait que pendant peu de temps; puisque des forts de cette espèce ne peuvent soutenir que quinze jours de tranchée ouverte, qu'après leur prise le bombardement peut avoir lieu et qu'ils servent d'appui aux attaques dirigées contre l'enceinte.

Mais, après avoir satisfait à la première condition d'une bonne défense, en plaçant l'enceinte assez en avant du mur d'octroi pour que la place ne puisse être bombardée, nous admettrons volontiers les forts destinés à favoriser les opérations stratégiques, dans le cas où des armées françaises se replieraient sur Paris pour coopérer à sa défense. Tout ce qui contribuera à augmenter la sphère d'activité de la défense ne peut qu'être favorable.

Dans ce cas, il serait convenable de former des camps retranchés en avant de l'enceinte avancée ; ces camps seraient établis au moment de la guerre par les troupes elles-mêmes, aidées par la population, mais il serait bon de les appuyer par quelques ouvrages permanents, *faciles à garder et à défendre avec peu de monde.* C'est là que des forts seront convenablement placés, pourvu qu'ils soient véritablement forts et susceptibles d'une bonne et longue défense que l'on obtiendra aisément par ces moyens que nous indiquerons bientôt.

Il y a quatre emplacements marqués pour cette destination, par la nature même du terrain environnant.

Le premier, sur le front de l'est, est le plateau de Montreil, sur lequel sont déjà établis les fortins de Romain ville, de Noisi-le-Sec, de Rosny, de Fontenay-sous-Bois, Nogent, etc.

Cette position, appuyée par les fronts de l'enceinte qui s'étendent de Pantin à Charenton, est admirable et susceptible d'être défendue avec beaucoup de succès ; en donnant aux forts de Noisy, Rosny, Nogent, toute la force dont ils sont susceptibles, si l'on en établissait un solide dans le bois de Vincennes à l'angle, près Saint-Maur, tout ce plateau deviendrait inexpugnable, étant défendu par un corps d'armée.

Au nord, dans l'espace compris entre les canaux de l'Ourcq, Saint-Denis et la Seine, dont la ville de Saint Denis forme la tête, on a aussi un camp retranché excellent qui couvre les fronts de l'enceinte depuis Pantin jusqu'à Clichy-la-Garenne ; Saint-Denis doit donc être mis dans un bon état de défense, quelques remuements de terre faits le long de la Seine, depuis la gare de Saint-Ouen jusqu'au canal, compléteraient le système.

A l'ouest, le terrain de la rive gauche de la Seine domine celui de la rive droite ; pour se ménager des retours offensifs, il est nécessaire d'occuper, non seulement le mont Valérien, mais aussi le plateau en avant de Neuilly, celui de Saint-Cloud, et d'avoir une tête de pont à Asnières, ou au moins une forte redoute avec fossés à glacis intérieur et une bonne tour pour réduit.

Au sud, il serait convenable d'établir un camp retranché sur le plateau de Villejuif, d'occuper par un fort solide celui de Clamart et Fontenay, et d'en placer un également en avant de Meudon.

Ainsi enveloppé, Paris, défendu par une armée de 100 mille hommes, pourrait défier toutes les armées du monde; mais pour que la défense puisse être énergique et durable, il ne faut pas que ces forts soient susceptibles d'être enlevés par un siége de dix ou quinze jours, il faut qu'ils soient en état de résister long-temps aux efforts de l'ennemi, et c'est par la combinaison des bâtiments militaires et des fossés à glacis intérieur qu'on obtiendra ce résultat à peu de frais, ainsi qu'on le verra par la dissertation suivante, sur laquelle nous appelons toute l'attention du Comité du génie, de la Chambre des Députés et du Gouvernement.

## XXI

*Est-il convenable de revêtir en maçonnerie l'escarpe de l'enceinte de Paris?*

*Les fonds destinés aux maçonneries de cette enceinte ne peuvent-ils pas être employés d'une manière plus utile à la défense?*

J'ai fait remarquer que dans l'état actuel de l'Europe, la guerre pouvant nous surprendre d'un jour à l'autre, il fallait se tenir en mesure pour toutes les éventualités, adopter un système susceptible d'être exécuté en peu de temps, qu'on devait, pour le moment, se borner à faire les fossés, masser les remparts et les parapets en donnant aux escarpes toute la roideur dont les terres sont susceptibles ; reporter les parapets à dix ou douze mètres en arrière des escarpes, sauf à revêtir, plus tard, les parties où les terres ne se soutiendraient pas sous un talus assez roide pour empêcher les attaques de vive force.

Dans cette manière d'envisager la question, l'exclusion des maçonneries d'escarpe n'est que momentanée et conditionnelle. Il convient maintenant d'examiner s'il ne serait pas convenable de supprimer définitivement cette masse morte et de la remplacer par des maçonneries qui, servant à empêcher l'introduction de l'ennemi dans la place, auront une destination utile sous d'autres rapports, pendant la paix comme pendant la guerre ; en un mot, nous avons à examiner si les bâtiments civils ou militaires, qui, jusqu'à présent, ont été négligés sous le rapport de la défense, ne doivent pas en faire la base principale. Cette question ne paraît pas devoir faire l'ombre d'un doute.

## XXII

*Mur au-dessus du sol, en arrière de l'enceinte.*

Le profil du mur d'escarpe de Vauban, pour une hauteur de 30 pieds, est le suivant :

Epaisseur au sommet, 5 pieds.<br>
Epaisseur sur la retraite, 11 pieds. } Epaisseur moyenne, 8 p.

Les contre-forts, espacés de milieu en milieu, de 18 pieds, ont 8 pieds de long.

Epaisseur à la racine, 5 pieds.<br>
Epaisseur à la queue, 3 p. 4 p. } Epaisseur moyenne, 4 p. 2 p.

Si l'on suppose des fondations de 2 mètres de profondeur, on verra que ce profil entraîne à peu près 45 mètres cubes de maçonnerie par mètre courant !

Au lieu de construire un semblable mur, considérons l'enceinte comme le couvre-face d'un mur de 10 mètres de hauteur sur 1 mètre d'épaisseur, établi sur le terrain naturel. La nette maçonnerie sera de 10 mètres cubes. En donnant à la fondation 2 mètres de profondeur sur $1^m,20$ de largeur, on aura $2^m,40$ cubes pour cette fondation, et pour le mur entier $12_m,400$ cubes, par mètre courant, c'est-à-dire à peu près le quart du profil d'escarpe de Vauban; en sorte qu'avec la quantité de maçonnerie qu'exigerait l'escarpe, il serait possible de construire *quatre murs d'enceintes bastionnées échelonnées en arrière du couvre-face*, et, chose remarquable, ces quatre murs pourraient être construits en même temps et presque aussi promptement que le couvre-face.

Comparons maintenant le degré de résistance que l'enceinte opposera dans les deux hypothèses.

En cas de siége, tout se passerait absolument de la même manière jusqu'à l'arrivée de l'ennemi sur la crête du glacis du chemin couvert, et à l'établissement des batteries de brèche et contre-batteries, que l'escarpe soit revêtue ou qu'elle ne le soit pas. Il faudra seulement quelques heures de moins pour faire une brèche praticable dans le dernier cas. Un feu continu de *quinze ou seize heures* suffit pour mettre le revêtement à la Vauban en brèche; il en faudrait au moins la moitié pour faire une brèche praticable dans le terrain des environs de Paris coupé à pic; cette différence ne mérite pas qu'on s'y arrête, et cependant quelle différence dans la position des défenseurs lorsque l'assaut aura lieu!

Si cet assaut réussit, ce qui est difficile à la vérité, l'ennemi devient maître de l'enceinte avancée tout entière; il peut dès lors s'avancer contre le retranchement général, à moins qu'on n'ait établi les bâtiments défensifs dont nous avons parlé. Quand il y a un mur à tours bastionnées en arrière, l'assiégeant se trouve arrêté court; il faut qu'il se loge sur le bastion attaqué, qu'il hisse de l'artillerie sur ce bastion, pour faire brèche au mur couvert par l'enceinte; lors même que l'on ferait abstraction des retours offensifs, cette opération serait longue et dangereuse; mais c'est là que ces retours offensifs seront irrésistibles, et que l'ennemi se présentât-il *cent fois, cent fois il serait culbuté;* car toute la garnison pourrait déboucher par la droite, par la gauche et sur le front. Ici point de défilés ni de poternes à descendre : on arrive de plein-pied dans le bastion, en même temps que les feux croisés partant de batteries établies derrière ce mur écraseraient tout ce qui se montrerait sur la brèche; c'est bien alors qu'on peut considérer la place comme imprenable.

Ce raisonnement extrêmement simple nous conduit naturellement au système à tours bastionnées; mais au système à tours bastionnées perfectionné sous le rapport des retours offensifs, et rendu beaucoup moins cher; nous arrivons ainsi à une combinaison à la *Carnot*, et notre mur à tours bastionnées remplira le rôle de son retranchement général.

Nous venons de voir que notre mur n'employant que le quart de la maçonnerie du profil de Vauban, on pourrait avec la même dépense échelonner quatre murs semblables, c'est-à-dire *former quatre enceintes;* si ces enceintes étaient à 60 mètres l'une de l'autre, et que l'on établît des compartiments par des murs transversaux, sur quelque point que l'ennemi se transportât, on pourrait faire, pendant le siége, des *couvre-faces successifs*, correspondants aux tranches embrassées par l'attaque ; ainsi, l'ennemi se trouverait toujours enveloppé à droite et à gauche, ayant de front et successivement les quatre enceintes. Dans ce cas, je n'hésite pas à le dire, il y aurait surabondance de force : un seul mur nous suffit. Cherchons maintenant à l'utiliser autrement que comme obstacle.

## XXIII

*Contre-forts et arceaux ajoutés au mur de face pour en former des bâtiments civils et militaires.*

Plaçons des contre-forts, espacés de 7 mètres de milieu en milieu, derrière ce mur; donnons-leur 5 mètres de haut, et recouvrons-les par des voûtes d'un mètre d'épaisseur à la clef; pour chaque mètre courant de longueur de cette voûte, répartie entre les 7 mètres des entr'axes, nous aurons environ 3 mètres 500 cubes de maçonnerie; par conséquent au lieu de l'escarpe à la Vauban, on pourrait avoir en arrière du couvre-face une nouvelle enceinte avec arceaux de 10 mètres 50 d'épaisseur, en y comprenant celle du mur de face. Déjà cette épaisseur permet de placer au-dessus des voûtes un parapet de 5 à 6 mètres d'épaisseur, derrière lequel les fusiliers seraient à l'abri et très bien placés. Nos voûtes ayant 8 mètres sous-clef, pourraient recevoir un plancher; il y aurait donc deux étages de feux casematés, mais ces casemates ayant leur sol au-dessus du terrain naturel, formeront d'excellents bâtiments militaires et civils que l'on pourra employer en paix comme en guerre. Ils fourniront les logements des troupes, réparties autour de l'enceinte, des abattoirs, des entrepôts, des arsenaux, des hôpitaux, et surtout les greniers d'abondance destinés à recevoir les approvisionnements de toute espèce nécessaires à la garnison et à la population, non seulement pendant une année, mais pendant dix, si on le voulait. Une partie de ces bâtiments pourrait même être mise à la disposition des fermiers qui apporteraient leurs grains dans les saisons favorables à ce transport, c'est-à-dire quand les travaux d'agriculture ont cessé. Si on leur donnait ces locaux gratis, on serait assuré d'avoir toujours des grains et farines pour un an et plus, et on serait prêt à tout événement; le pain serait toujours à un prix raisonnable et la disette ne serait plus à craindre.

Nous avons écarté toutes les difficultés relatives au logement des troupes, aux emplacements nécessaires aux magasins, etc. Il ne nous en coûtera rien pour obtenir tout cela, puisque c'est avec l'argent destiné à la masse morte du revêtement d'enceinte que nous obtenons ces résultats. Pour se faire une idée des immenses ressources que présenterait cette disposition, supposons le développement utile pour la construction des arceaux réduit à 35,000 mètres, à cause du recroisement des flancs des tours; chaque arceau ayant 7 mètres, ce serait *cinq mille* arceaux; or chaque arceau avec un plancher pourrait servir au logement de trente hommes placés très à l'aise; ainsi cette disposition fournirait du logement pour cent cinquante mille hommes. On voit que la garnison et la garde nationale tout entière seraient abritées sous ces voûtes, elles n'auraient pas à craindre les maladies, la dernière serait admirablement placée pour tirer sur la brèche par des créneaux, pendant que les troupes réglées marcheraient à l'ennemi pour le chasser du bastion.

## XXIV

### *Complément de cette disposition.*

Si nous donnions partout la même épaisseur de 10m 50 à nos arceaux, nous ne pourrions placer que de l'infanterie derrière le parapet au-dessus; il sera convenable de porter cette épaisseur à 16 ou 18 mètres sur un grand nombre de points, et particulièrement pour nos tours bastionnées, sauf à donner moins d'épaisseur aux courtines qui pourraient à la rigueur rester de simples murs. Toutefois, il sera préférable de donner partout la même épaisseur de 18 mètres, afin de pouvoir placer du canon à ciel ouvert sur les courtines comme sur les tours bastionnées.

Du reste, cette disposition présente l'avantage de pouvoir s'exécuter par parties; il suffit pour cela de laisser, a mur de face, des amorces pour y rattacher les contre-forts et les arceaux.

Elle présente un autre avantage non moins précieux, ses feux découverts auront un grand commandement sur la campagne, sans toutefois découvrir les maçonneries de nos arceaux, la crète intérieure du parapet pourra être à 10 ou 12 mètres au-dessus du terrain naturel. On voit maintenant pourquoi nous préférons un relief de 8 mètres pour le couvre-face, c'est afin de mieux dérober les maçonneries de notre *enceinte-bâtiment* aux feux de la campagne, afin que ces maçonneries soient intactes quand l'ennemi se présentera sur le bastion attaqué, où, comme le dit Vauban, nous pourrons le régaler d'importance.

Nous voilà conduit au système à tours bastionnées d'une manière complète; mais au système dans lequel les casemates sont bien aérées, propres au service de l'artillerie et de la mousqueterie comme aux logements. De là nous pouvons tirer une conséquence remarquable; c'est que Vauban, dans son premier système de Belfort, était plus près de la perfection que dans ceux de Landau et de Neuf-Brisack; car à Belfort, ses casernes se trouvent placées sur la courtine et font corps avec elle, partant de là, il y avait peu à faire; mais après s'être approché du but, Vauban s'en est écarté : il y serait probablement revenu.

En laisant le fossé du couvre-face continu, on peut rendre ses autres parties indépendantes les unes des autres, il suffit pour cela de transformer les bastions en contre-gardes à orillons et les courtines en tenailles recouvertes par ces orillons; cette disposition nous paraît offrir de grands avantages (1).

(1) On en verra les dessins dans la seconde édition de nos mémoires sur la fortification, retardée par des circonstances particulières.

## XXV

*Application de ces principes aux forts avancés.*

Les principes et les idées que je viens de développer présenteraient d'immenses résultats appliqués à l'enceinte continue, mais c'est surtout à l'égard des forts isolés et des petites places que leur application est indispensable. Voyons quelles seront les conséquences de cette application à un pentagone, en donnant 365 mètres au côté extérieur du couvre-face.

Nous avons vu (page 13) que pour un relief de 8 mètres au-dessus du terrain naturel, chaque mètre courant du remblai y compris celui du glacis du chemin couvert, à la pente du douzième, exigerait 180 mètres cubes et coûterait 360 francs ; le développement de chaque front étant pour le pentagone, de 433 mètres, coûterait 156,880 fr., et pour les cinq fronts, 784,400 francs.

Maintenant procédons par parties à la construction des maçonneries de l'enceinte bâtiment, en commençant par le mur de face : dans le pentagone il aurait *deux cent quarante-huit mètres* de développement, chaque mètre courant exigeant 12 mètres cubes 400, il entrerait *trois mille soixante-quinze mètres cubes* 1\5 par front, et pour les cinq fronts *quinze mille trois cent quatre-vingt-six mètres cubes.* Portons le prix du mètre cube à 15 fr., ce sera *deux cent trente mille sept cent quatre-vingt-dix francs* qu'il en coûtera pour ce retranchement général. Un maçon faisant aisément un mètre cube de maçonnerie par jour, deux cent cinquante-six maçons et leurs manœuvres exécuteraient ce travail en soixante jours. Ainsi ce retranchement général serait prêt avant même que les terrassements de l'enceinte couvre-face ne fussent terminés et l'on serait en état de faire déjà une très bonne défense, quoique n'ayant dépensé, pour le couvre-face et son retranchement général, que *un million quinze mille cent quatre-vingt-dix francs.*

Supposons maintenant que les courtines seules seront consacrées au logement des troupes, que les tours seront employées pour magasins, et donnons-leur 18 mètres d'épaisseur, pour pouvoir placer de l'artillerie à ciel ouvert.

Nous avons dit que pour chaque mètre d'épaisseur d'arceau il y avait 3 mètres 50 centimètres de maçonnerie, c'est pour dix-sept mètres 52 mètres 500 centimètres cubes.

Chaque courtine a 120 mètres de long, c'est donc 6,300 mètres cubes par courtine, et, pour les cinq 31,500 mètres cubes, à 15 f. 00 le mètre, donne 492,500 f.

Chaque courtine présentera 17 arceaux. Chaque arceau avec un plancher pourra recevoir à l'aise 60 hommes, c'est 1020 par courtine, et 5100 pour les cinq, en laissant un arceau libre sur le milieu de chaque courtine ; en déduisant l'espace occupé par les escaliers, il resterait encore du logement pour plus de 2,500 hommes, garnison nécessaire pour bien défendre un semblable fort.

Chaque tour complette, de 50 mètres de face, propre à la défense dans tous les sens, casematée sur tout son développement, entraînerait à très peu près la même dépense qu'une courtine, parce qu'on donnerait plus d'épaisseur aux murs des flancs ; en ajoutant un mur de gorge de 50 centimètres d'épaisseur, les planchers, les portes, croisées, serrurerie, ameublements, etc., la dépense ne monterait pas au-delà de 2,500,000 fr., et l'on aurait de cette façon tous les établissements nécessaires pour mettre à couvert des approvisionnements aussi considérables qu'on le désirerait, on pourrait porter au moins à *cinq mille* le nombre des défenseurs placés à couvert, pour les grandes occasions.

Afin de compléter le système de défense de ce fort, il faudrait lui donner des fossés à glacis intérieur, avec corridor pour les fusiliers, lunettes en terre aux saillans des bastions, dans la partie haute de ce fossé, un réduit central casematé, semblable à la caponière de Montalembert perfectionnée, demi-lune, non revêtue, à parapets retirés, l'escarpe aussi roide que possible, avec haies vives au bas des talus, plantations d'arbres et de haies vives sur les bermes, ainsi qu'il est indiqué dans notre première lettre; enfin un chemin couvert à recouvrement, avec réduit de place d'armes saillante. De semblables forts, appuyés par notre enceinte avancée, pourraient être considérés comme inexpugnables et seraient extrêmement favorables pour les retours offensifs, soit dans la campagne, soit dans les fossés à glacis intérieur, soit sur le terre-plein des bastions du couvre-face ; la dépense totale irait à 3,000,000.

Nous n'insisterons pas davantage sur cette disposition qui se trouve développée dans la deuxième édition de nos Mémoires sur la fortification, avec les plans à l'appui.

## XXVI

*Projet au grand complet.*

Prenons notre projet dans ce qu'il a de plus gigantesque, en apparence, c'est-à-dire dans le cas où, considérant l'enceinte terrassée comme couvre-face, nous plaçons en arrière, sur tout le développement, une *enceinte-bâtiment* à tours bastionnées de 18 mètres d'épaisseur, capable de porter batterie à ciel ouvert sur les courtines et sur les tours.

Nous aurons alors *cinquante mille* mètres de développement moyen qui exigera par mètre courant :

| | | | | |
|---|---|---|---|---|
| 1° Pour le mur de face. | 12 m. c. 400 | | | |
| 2° Pour le mur de gorge. | 6 200 | | | |
| 3° Pour 16 m. 50 de profondeur d'arceaux. | 57 750 | | | |
| Total par mètre courant. | 76 m. c. 350 | à 15 fr. | fait | 1,145. 25 |
| Et pour cinquante mille mètres. | | | | 57,262,500. » |

| | | |
|---|---|---|
| Report. | | 57,262,500 » |
| A quoi il faut ajouter par arceau : | | |
| 1° Carrelage du rez-de-chaussée, 100 m. arrés à 2 fr. 70 c. | 270 | |
| 2° Plancher de frise du 1er étage en sapin de 0,54 à 0,41 d'épaisseur, 100 m. carrés à 7 francs. | 700 | |
| 3° 35 solives de 6 m. 50 sur 0 m. 10 et 0 m. 20, 4 m. c. 550 à 100 fr. | 435 | |
| 4° Une porte, quatre croisées, ferrures comprises. | 200 | |
| TOTAL. | 1,605 | |
| Chaque arceau correspond à 7 mètres courant à cause des murs de refend d'un mètre d'épaisseur. C'est *deux cent trente* fr. à ajouter par mètre courant, et pour 50 mille mètres. | | 11,500,000 » |
| Le parapet et la terre à placer sur la voûte entraînera par mètre courant 35 mètres cubes de remblai à 2 fr. 70 fr., et pour 50 mille mètres. | | 5,500,000 » |
| TOTAL. | | 72,262,500 » |
| Frais imprévus, escaliers, cheminées d'ovent pour les casemates, chappe en ciment, en bitume ou couvertures en zinc, fourneaux des cuisines, lits de camp, etc. | | 7,737,500 » |
| TOTAL général pour l'enceinte-bâtiment casematé à l'épreuve. | | 80,000,000 » |
| Nous avons démontré qu'il en coûterait *vingt millions* pour les terrassements du couvre-face avec relief de huit mètres au-dessus du terrain naturel et chemin couvert. | | 20,000,000 » |
| A quoi il faut ajouter pour les poternes, ponts-levis ou dormants, barrières, portes et frais imprévus. | | 5,000,000 » |
| TOTAL. | | 105,000,000 » |

Ainsi pour *cent cinq millions* notre couvre-face et notre enceinte-bâtiment seraient au grand complet parfaitement achevés.

Cette somme de 105 millions est répartie sur 126 fronts, c'est donc 833,333 fr. par front pour le couvre-face et l'enceintebâtiment réunis.

Remarquons maintenant qu'à *cinquante mille mètres* de

développement correspondent plus de sept mille arceaux; chaque arceau de 16 mètres de longueur dans œuvre et 6 mètres de largeur, pouvant recevoir trente hommes à chaque étage ou soixante pour les deux, il y aurait du logement pour 420 mille hommes. Retranchons-en les passages sous les courtines, escaliers, chambres de sous-officiers, il resterait encore de quoi loger plus de 350 mille hommes.

On ne manquera pas de me demander à quoi bon *sept mille* arceaux, puisque mille suffiraient, au-delà, pour loger la garnison habituelle en la supposant portée à 40,000 hommes?

Je répondrai avec grand plaisir à cette question, et j'espère que ma réponse, déjà suffisamment préparée par ce qui précède, satisfera tous les esprits justes et tous les esprits généreux.

Nous avons deux cas à examiner, celui de guerre et celui de paix: commençons par le premier.

## XXVII

*Emploi des arceaux en temps de guerre.*

En temps de guerre nous aurons à loger, non seulement la garnison d'infanterie, mais aussi des corps de cavalerie, des chevaux de train d'artillerie, des équipages militaires; nous aurons à établir des ambulances, des arsenaux, des hôpitaux, des magasins d'approvisionnement de toute espèce; il nous faudra loger, en hiver surtout, 60 à 80 mille bœufs ou vaches, 60 à 70 mille veaux; 4 à 500 mille moutons, une quantité immense de volailles, etc.; tout cela trouvera un abri sous nos arceaux, qui recevront également la population de la banlieue, avec toutes ses propriétés en bestiaux, volailles et effets précieux; chacun se trouvera casé sans difficulté, sans frais, par la munificence du gouvernement. Avec quel zèle et quel dévouement ces habitants, forcés de quitter leurs foyers défendront ce gouvernement à la prévoyance duquel ils devront la sécurité dont ils jouiront sous ces voûtes à l'épreuve de la bombe ! Grâce à cette prévoyance, l'ennemi ne trouvera dans les environs que des murs nus, des maisons vides et la faim, tandis que Paris sera dans l'abondance ; cette prétendue difficulté de nourrir une population d'un million d'âmes s'évanouit comme une ombre devant cette disposition, aussi grandiose qu'elle est simple ; et l'on peut affirmer que jamais œuvre sortie des mains de l'homme n'aura eu une destination plus utile à l'espèce humaine et plus sainte.

## XXVIII

*Emploi des arceaux en temps de paix.*

Pendant la paix ces arceaux ne seront pas moins utiles; nous avons déjà fait observer qu'une partie pourrait être employée pour les greniers d'abondance, de façon que Paris eût toujours une réserve en grains pour un an au moins. Il serait aussi convenable d'établir, sous ces voûtes à l'épreuve, des moulins à vapeur pour moudre les grains et les transformer en farine. En faisant comme le dit Vauban, les approvisionnements dans les années d'abondance, on sera à même de donner constamment le pain à bon marché aux habitants, et les fermiers qui, dans ces années d'abondance, trouvent difficilement la vente de leurs grains, en auront alors un prix raisonnable.

Nous avons dit aussi qu'une partie de ces voûtes pouvait servir pour des abattoirs, avec d'autant plus d'avantage que les bouchers loueraient les parties des remparts et glacis correspondants pour faire pacager les bestiaux. Ils n'étoufferaient plus dans des cloaques infects, ils ne seraient plus exposés à ces maladies fréquentes et dangereuses par suite desquelles la population est exposée à manger des viandes corrompues qui réagissent sur la santé publique.

Nous avons dit aussi qu'une partie de ces arceaux servirait pour des entrepôts, particulièrement les plus rapprochés de la Seine, des gares, des chemins de fer, etc.

Il est un autre objet d'utilité publique et d'humanité sur lequel je dois appeler la sérieuse attention du gouvernement et de la Chambre.

Combien y a-t-il à Paris de malheureux sans asile, ne sachant ou reposer leur tête, et réchauffer leurs membres engourdis par le froid, obligés de passer les nuits dans les rues, exposés à être écrasés par les voitures ou ramassés par les patrouilles, pour aller grossir le nombre des prisonniers! combien d'autres misérables, à peu près dans le même cas, se livrent au crime dans les rues de Paris! combien d'autres, enfin, vont dans les carrières d'où, après avoir pris quelques instants de repos, ils se mettent en campagne pour chercher leur proie, qui dormiraient tranquillement s'ils avaient un abri? Eh quoi! les Turcs ont des caravenserails où les malheureux et les voyageurs attardés trouvent un couvert; et la capitale de la France laissera des milliers d'individus exposés à toute la rigueur des saisons, à l'inclémence de l'air! Non, non, il n'en sera plus ainsi à l'avenir; deux ou trois cents de ces arceaux avec leurs lits-de-camp consacrés au logement de ces individus, sans asile, sécheront bien des larmes, apaiseront bien des douleurs et préviendront bien des crimes!

Enfin, cette enceinte sera admirablement placée pour y établir de grands ateliers, des dépôts de mendicité, des maisons de correction, des hôpitaux pour y traiter en grand toutes les plaies qui affligent l'espèce humaine et prennent chaque jour un nouveau degré d'intensité par suite de l'agglomération des individus, et de l'insuffisance des moyens curatifs.

## XXIX

*Dispositions à faire pour rendre les diverses parties de l'enceinte-bâtiment indépendantes.*

Notre *enceinte-bâtiment*, placée au-dessus du sol, nous offre une si grande quantité de logements et magasins de toute espèce qu'il deviendrait inutile d'en placer sur les points du couvre-face que nous avons indiqués (page 46 dans l'hypothèse où l'escarpe devrait être revêtue. Quand on adopte cette *enceinte-bâtiment*, c'est à elle qu'on doit donner la propriété d'avoir ses parties indépendantes ; il suffit, dans ce cas, de fermer ces parties consacrées au logement des troupes par un mur à tours bastionnées à la gorge, servant à enceindre le terrain destiné à former la cour de chaque caserne. Du reste, les réflexions que nous avons faites relativement aux bâtiments défensifs appliqués au couvre-face s'appliqueraient aussi aux murs de fermeture des parties de l'*enceinte-bâtiment* destinées au logement des troupes, les avantages seraient encore plus grands et les inconvénients moindres.

Enfin, il est un autre avantage de cette disposition que je dois signaler, parce qu'il répond à bien des objections et lève bien des difficultés.

## XXX

*Facilité des communications.*

Cette enceinte ayant un mur de façade ou escarpe, de 10 mètres de hauteur, c'est sur elle que repose l'imprenabilité de la place par l'attaque de vive force, car l'ennemi eût-il franchi le couvre-face, il serait arrêté par ce mur et forcé de se retirer, avec de grandes pertes, sous le feu meurtrier partant des casemates et de la partie supérieure portant batterie à ciel ouvert ; or, cette enceinte ne nuirait en rien aux communications en laissant sur le milieu de chaque courtine un arceau pour le passage des voitures, en interrompant, pendant la paix, le parapet du couvre-face dans les parties correspondantes aux routes; on laisserait une digue dans le fossé, pour le passage des voitures. Ainsi la circulation se ferait absolument de la même manière que si Paris n'était pas fortifié; ces digues ne seraient enlevées qu'en temps de guerre, aux approches d'un siége; alors elles seraient remplacées par des *ponts roulants* que l'on placerait à la suite les uns des autres. Avec quelques ponts semblables, très faciles à mouvoir, on sera toujours en mesure de faire des sorties sur tous les points de l'enceinte, et les communications seront toujours faciles à rétablir quand elles auront été un moment interrompues.

## XXXI

*Application de ce qui précède au mur d'octroi, pour en former le retranchement général.*

J'ai dit (page 40) que pour rendre le mur d'octroi susceptible de former un retranchement général, il fallait le porter en avant de Montmartre, Belleville et Montrouge ; ces trois couronnés auraient un développement de 17,000 mètres, en y comprenant les flancs des tours bastionnées; si on donnait 10 mètres d'élévation à ce mur, il y entrerait 210,800 mètres cubes de maçonnerie à 15 f. La dépense serait donc de *trois millions cent soixante-deux mille francs*.

Il serait intéressant de conserver la partie du mur d'octroi actuel qui fermerait la gorge des trois couronnés ; de cette manière, Belleville, Montmartre et Montrouge formeraient, au besoin, trois grandes places, pour servir de refuge à la population, dans le cas où l'approche des secours déciderait à continuer la défense, même après la perte de l'enceinte avancée. Du reste, si j'indique cette combinaison, c'est parce qu'un ingénieur doit tirer parti de tout; mais je répète que l'enceinte avancée sera imprenable, par les raisons indiquées pages 30 et 31.

Il nous reste maintenant à jeter un coup-d'œil sur les terrains à acquérir et sur les approvisionnements à faire.

## XXXII

*Terrains nécessaires pour l'enceinte avancée.*

Si nous voulions nous borner au strict nécessaire pour le couvre-face, nous trouverions qu'il faut une zone de 150 mètres de largeur; savoir:

| | | |
|---|---|---|
| Rue du Rempart. . . . . . . | 10m00 | 150m00 |
| Rempart, parapet et leurs talus | 33 00 | |
| Berme. . . . . . . . . . . . | 10 00 | |
| Fossé. . . . . . . . . . . . | 25 00 | |
| Chemin couvert. . . . . . . | 12 00 | |
| Glacis. . . . . . . . . . . . | 60 00 | |

Cette zone de 150 mètres suffirait même pour le couvre-face et l'enceinte-bâtiment, en réduisant la pente du glacis au douzième, au lieu du vingt-quatrième. Alors le glacis aurait 30 mètres de largeur, l'*enceinte-bâtiment* 18 mètres, et la rue du rempart entre la ville et cette enceinte 12 mètres; mais les rentrants des courtines exigeant plus de terrain, nous porterons la zone moyenne a 200 mètres sur un développement de 46,000 mètres, c'est 9 millions 200,000 mètres carrés de terrain, ou 920 hectares, que nous estimerons au prix moyen de 10,000 francs, prix certainement au-dessus de la valeur réelle, attendu que la plupart des terrains sur lesquels passe notre enceinte sont de mauvaise qualité et manquent de terres végétales. La dépense pour cet objet s'élèverait donc au plus à 10 millions. Nous ajouterons 4 millions pour les terrains occupés par les forts détachés: c'est 14 millions pour le tout; il peut cependant se faire que l'on rencontre des exigences un peu fortes qui mettraient nos prévisions en défaut, mais cela ne peut dépasser 2 ou 3 millions; d'ailleurs, sur les points trop chers on pourrait réduire la largeur de la zone.

## XXXIII

### *Emploi des terrains.*

Nous n'avons point voulu que nos maçonneries fussent des masses mortes improductives; nous ne voulons pas davantage que nos terrains restent stériles; nous voulons qu'ils soient tous mis en rapport de manière à augmenter les jouissances de la population parisienne et à diminuer le prix de consommation des objets nécessaires à la vie.

Ainsi, au pied des murs de face de notre *enceinte-bâtiment*, nous planterons de magnifiques espaliers des meilleurs fruits, tels que poires, pêches, raisins, etc.: qu'on juge des immenses produits qui résulteront de ces espaliers que l'on interdit au pied des escarpes ordinaires, où d'ailleurs ils seraient trop enfoncés pour donner de bons résultats. C'est également des arbres fruitiers que nous planterons sur nos glacis et sur les bermes. Nous ne mettrons point d'eau dans nos fossés pendant la paix, parce que nous voulons les cultiver en nature de jardin, mais nous profiterons des manœuvres d'eau préparées pour le temps de guerre, afin de nous ménager des moyens d'irrigation dans ces fossés; nos glacis, remparts et parapets, ainsi que leurs talus semés en gazon, nous donneront des fourrages très précieux. En temps de paix, ils contribueront à diminuer le prix du foin; en temps de guerre, ils nourriront nos bestiaux.

Ainsi, rien d'inutile dans notre disposition : tout contribue à augmenter les jouissances de la population parisienne; même par les magnifiques promenades qu'on lui ménagerait sur les bermes, entre deux rangs de haies vives, etc. Ne craignons donc point d'étendre la zone de notre terrain militaire, car il n'est militaire qu'en temps de guerre, il est productif dans tous les temps.

## XXXIV

*Approvisionnements de siége.*

On s'imagine assez généralement que si Paris venait à être bloqué, il faudrait tout-à-coup renoncer aux douceurs de la vie et mettre la population entière, riches et pauvres, à la portion congrue, autrement dit, à la ration du soldat et à la viande salée; ce n'est point ainsi que nous l'entendons, nous voulons que nos sybarites eux-mêmes conservent leurs habitudes et trouvent moyen de satisfaire leurs goûts les plus raffinés. Seulement nous ne mettrons point les truffes, les faisans et les ortolans parmi les approvisionnements de siége, faits par le gouvernement, les marchands de comestibles se chargeront de ce soin; mais nous aurons soin de leur ménager le plaisir de manger de succulents rosbifs, d'excellents veaux et moutons; car notre enceinte-bâtiment nous permet d'en mettre à couvert et d'en nourrir autant qu'on en consomme en temps ordinaire à Paris pendant une année. La seule différence qu'il y aura, c'est qu'au lieu de mettre un an pour faire arriver 72 mille bœufs, 17 mille vaches, 77 mille veaux, 378 mille moutons, 91 mille porcs, on hâtera les arrivages de ces bestiaux, ainsi que des fourrages qui leur seront destinés, soit que le gouvernement fasse les avances, ou qu'elles soient faites par des capitalistes. Vingt mille vaches dans Paris; combien d'excellents produits en seront la conséquence! le beurre frais, les fromages à la crème, le lait surtout! En temps de siége on sera plus heureux qu'en temps de paix, on aura ce produit naturel. En un mot, nous le répétons, notre *enceinte-bâtiment* nous permet de réunir à profusion les approvisionnements dans tous les genres. Or, c'étaient ces emplacements et magasins qui inquiétaient Vauban.

« Ce ne serait pas suffisamment pourvoir à la sûreté de cette » grande ville, dit-il, que d'y faire beaucoup de fortifications sans la » garnir en même temps des munitions de guerre et de bouche né- » cessaires ; il y faudrait bâtir des magasins à poudre capables d'en » contenir au moins dix-huit cents milliers ou deux *millions*, des » arsenaux pour toutes les autres sortes de munitions de guerre né- » cessaires et des caves et magasins à blé en suffisante quantité ; ces » derniers pour pouvoir contenir deux millions et plus de setiers de » blés, des légumes et des avoines à proportion, ce qui se pourrait » aisément faire peu à peu en prenant les temps que les blés sont à » bon marché. »

Tout cela existe dans notre projet et en plus grande quantité que le demande Vauban. Il avait fait ses calculs pour huit cent mille habitants, nous pouvons porter ce nombre à *douze cent mille*, en y comprenant la garnison et les réfugiés de la banlieue ; il y aurait donc moitié en sus à ajouter, ce serait trois millions de setiers et le reste en proportion ; or, cet approvisionnement serait infiniment plus facile à faire que du temps de Vauban, à cause de l'amélioration des routes, des canaux, du perfectionnement des moyens de transport, etc.

D'un autre côté, ce calcul suppose aussi qu'il faudrait nourrir toute la population et qu'il n'y aurait rien dans les magasins particuliers, tandis que les personnes aisées seraient averties de s'approvisionner elles-mêmes, et ne recevraient les vivres de l'Etat qu'après avoir constaté la nécessité ; on peut en conclure que si la place était approvisionnée pour un an par l'Etat, la ville pourrait tenir au moins pendant dix-huit mois.

Nous pourrions ajouter de nouvelles considérations tirées de la science de l'ingénieur, de la tactique et de la stratégie ; mais ceux qui ne seront pas convaincus par ce qui précède ne veulent pas l'être, il n'y a plus rien à leur dire ; quant à ceux qui se laissent guider par la vérité et le simple bon sens, il sont, par cela même, en état de comprendre les idées justes et fécondes de Vauban, ils sont maintenant enrôlés avec nous sous sa bannière. Nous allons pour eux résumer nos idées (1).

(1) Parmi les conversions auxquelles nous croyons pouvoir nous applaudir d'avoir contribué, nous citerons celle de M. de Ludre; en 1833, il suivait le drapeau des généraux Haxo et Valazé. Paris, en état de résister pendant un mois, lui paraissait suffisamment fortifié; aujourd'hui, il reconnaît dans *le National* du 10 que Paris doit être rendu *imprenable*. Il veut profiter, comme nous, du mur d'octroi enveloppant Montmartre, Montrouge et Belleville, pour en former un retranchement général de l'enceinte avancée; toutefois, il est encore pour une escarpe terrassée, pour cette masse morte, où 40 millions de francs seraient engloutis pour ne pas prolonger la résistance d'un jour. Nous espérons qu'il reviendra d'autant plus volontiers à notre avis, que Vauban aussi proposait le système à tours bastionnées, et que sa prédilection était évidemment pour ce système auquel, disait-il, *il manquait encore quelque chose pour arriver à la perfection*, mais *qui en approchait.*

Depuis 1833, nous avons communiqué nos mémoires et nos dessins à bien des personnes! s'il se trouvait des ressemblances entre quelques écrits et le nôtre, il serait facile de reconnaître que ce n'est pas nous qui avons copié.

Dès le 1er juillet 1825, nous avions adressé au ministre de la guerre (M. de Clermont-Tonnerre) un mémoire ayant pour titre:

« *Mémoire sur un nouveau système de défense des Etats.*

» *Moyen économique de fortifier les grandes villes, application facile à la ville de Paris.* »

Le but que je me proposais d'atteindre dans ce mémoire était ainsi exprimé:

« *Mettre la ville de Paris à l'abri d'une attaque de vive force,*
» *en état de soutenir un siége long et opiniâtre, sans compromettre*
» *ses monuments, le repos, la sûreté et les richesses de ses habitants;*
» *obtenir ces résultats avec peu de dépense et une garnison peu con-*
» *sidérable.* Tel est, selon moi, le problème le plus intéressant
» que puisse se proposer un officier du génie français. La solution
» de ce problème, qui d'ailleurs s'appliquerait aisément à toutes les
» capitales, est de nature à influer sur le sort du monde entier. »

A cette époque, je ne connaissais point le projet de Vauban, cependant j'étais conduit comme lui à proposer deux enceintes, la première formée par le mur de la ville, recouvert par un glacis ou couvre-face, la deuxième formée par vingt-cinq casernes défensives réunies par des courtines et par un fossé dans lequel était un mur détaché des terres. J'ai reconnu plus tard que ces courtines n'é-

## RÉSUMÉ ET CONCLUSION.

1° Paris étant le vrai cœur de la France doit être rendu *imprenable ;*

2° Pour que Paris soit *imprenable* quatre conditions sont nécessaires :

La première, être à l'abri de l'attaque de vive force ;

La deuxième, être à l'abri de la famine ;

La troisième, être à l'abri du bombardement ;

La quatrième, être à l'abri d'un siége en règle.

taient pas suffisamment fortes, les murs n'ayant que 4 mètres de hauteur et n'étant point flanqués.

En 1833, je fis l'examen critique un peu sévère du projet des généraux Haxo et Valazé, je démontrai que c'était à tort que ces généraux se présentaient comme les continuateurs et les disciples de Vauban ; qu'il n'y avait aucune analogie dans la manière dont ils ont envisagé la question et celle dont il l'a traitée ; en un mot, qu'ils différaient sur les trois points capitaux :

1° Sur le but qu'on doit se proposer d'atteindre ;

2° Sur les dispositions défensives à faire pour arriver à ce but ;

3° Sur le mode à suivre en cas d'attaque.

Voici ce que nous disions dans l'introduction de ce premier mémoire publié en 1833 :

« Dans le troisième mémoire, nous donnons un projet basé sur » des idées nouvelles et des découvertes récentes à l'aide desquelles » nous réunissons aux propriétés des enceintes continues et des forts » détachés beaucoup d'autres avantages ; l'exécution de ce projet, » *loin de nuire à l'industrie et au commerce, serait propre à en* » *favoriser le développement, et à mettre Paris à l'abri de tous les* » *retours de fortune.* »

» Comme Vauban, nous voulons que la fortification de Paris tourne » au profit *du pauvre peuple, des fermiers, des propriétaires fon-* » *ciers et de toute population parisienne*, en rendant la disette im- » possible, en maintenant le pain à un prix modéré, dans tous les » temps, en assurant la vente des grains à un prix raisonnable dans » les années d'abondance.

» Appliquant l'idée heureuse et féconde des revêtements en dé- » charge, nous ne voulons plus voir dans la fortification *une masse* » *morte, inerte et inutile pendant la paix.* Par la combinaison des » tours bastionnées avec les bâtiments militaires, et d'autres consa-

3° Pour être à l'abri de l'escalade, il faut des escarpes de dix mètres de hauteur, assez roides pour ne pas être franchies.

4° Pour être à l'abri de la famine, il faut des approvisionnements pour un an; cela doit suffire, l'ennemi ne

» crés à des services publics ou particuliers, nous formons des en-
» ceintes qui ne coûtent rien, qui donnent des casernes, des arse-
» naux, des hôpitaux, des magasins de toute espèce, des greniers
» d'abondance, des entrepôts généraux, des dépôts particuliers, des
» abattoirs et une infinité d'autres établissements utiles.

» Cet exposé succinct prouve que nous avons traité la question des
» fortifications de Paris sous un point de vue nouveau; que marchant
» dans les routes ouvertes par Vauban, nous avons tâché de les élar-
» gir en conservant son esprit, présentant des modifications qui sont
» en rapport avec les progrès des connaissances humaines, et ne pre-
» nant une confiance absolue que dans les vérités assez simples pour
» être à la portée des intelligences ordinaires.

» Nous avons tâché en même temps de donner à notre projet une
» propriété importante, celle de pouvoir s'exécuter par parties, de
» manière que dans l'espace de trois mois, et avec une dépense de
» quelques millions, il soit possible d'organiser un système de défense
» respectable. On verra combien le moyen que nous proposons pour
» arriver à ce but est d'une application facile et sûre.

» Exempt de toute influence, ne suivant d'autre drapeau que celui
» de la vérité et de la patrie, j'offre un travail consciencieux, fruit de
» longues méditations, qui ne me paraît pas indigne de fixer l'atten-
» tion de l'homme d'État, de l'homme de guerre et de toutes les
» classes éclairées de la société.

» Ma voix sera-t-elle entendue? Non! sans doute; elle rencontrera
» dans les deux camps des adversaires qui sauront bien l'étouffer;
» mais j'aurai payé un dernier tribut à mon pays et satisfait au pré-
» cepte qui dit:

» Fais ce que dois, advienne que pourra. »

(*Extrait du premier mémoire sur les fortifications de Paris*, 1833).

Ce langage, que je tenais en 1833, je le tiens encore aujourd'hui, le lecteur est maintenant en état de juger si j'ai satisfait à ma promesse et si j'ai apporté quelque lumière nouvelle dans la discussion de cette grande question.

Je répète que le mémoire d'où ce travail est tiré et les plans avaient été communiqués à plusieurs membres du comité du génie, et notamment au général Rogniat, avant l'impression de ses idées sur ce sujet.

pouvant rester en assez grand nombre devant Paris pendant l'hiver.

5° Pour être à l'abri du bombardement, il faut une enceinte établie à la grande portée de canon de la ville.

6° Pour être à l'abri de l'attaque en règle, il faut que cette enceinte puisse être défendue jusqu'à la dernière extrémité, ce qui exige qu'il y ait en arrière un retranchement général, afin de rassurer la garnison et la population contre les horreurs d'une prise d'assaut.

7° L'objet de ce retranchement général est de joindre la force morale à la force physique. C'est sur l'*imprenabilité* de l'enceinte avancée que repose celle de la place entière; car si la garnison se laissait enlever cette enceinte quand elle jouit de toutes ses ressources, elle ne défendrait pas l'enceinte rapprochée quand la ville serait exposée au bombardement.

8° L'imprenabilité de l'enceinte avancée résulte de ce que le logement sur une brèche défendue par une garnison de *trente* à *quarante mille* hommes de troupes réglées et *soixante* à *quatre-vingt mille* hommes de garde nationale qui ont derrière eux un retranchement général pour les rassurer contre une prise d'assaut, est *impossible*.

9° S'il n'y avait pas de retranchement général, la brèche de l'enceinte avancée ne serait pas défendue, ou le serait mal : la capitulation aurait lieu après un mois.

10° Le retranchement général n'étant point destiné à soutenir un siége, il n'a pas besoin d'avoir un grand degré de force; il suffit qu'il soit à l'abri d'un coup de main; le mur d'octroi porté en avant de Montmartre, Montrouge et Belleville, est très propre à remplir ces fonctions. En temps de guerre, on le ferait précéder d'un fossé, qui se raccorderait avec lui par un talus, et fournirait les terres nécessaires pour former un couvre-face capable de porter batterie. Dans cet état il pourrait même soutenir un siége, si l'approche des secours donnait l'espérance de voir lever le siége et faisait sentir la nécessité de prolonger la défense après la perte de l'enceinte avancée, si on avait été assez maladroit pour la laisser prendre.

11° L'enceinte avancée doit être exécutée en très peu de temps, si les circonstances l'exigent; autrement la guerre pourrait nous surprendre au milieu des travaux, et l'enceinte serait enlevée avant d'être en état de défense.

12° Pour être prêt à tout événement, on ne doit point faire d'escarpe maçonnée et terrassée dans les fossés; il faut de suite creuser ces fossés en laissant les escarpes et contrescarpes aussi roides que possible, masser les remparts et les parapets, en tenant l'extrémité du talus extérieur de ces derniers à dix ou douze mètres du bord du fossé, afin qu'ils n'exercent point de poussée contre l'escarpe, et ne soient point exposés à la renverser et à tomber avec elle.

Sur la berme il sera convenable de faire des plantations d'arbres, de mettre plusieurs rangs de haies vives séparées par des rues, et de placer d'autres haies perpendiculaires formant des retranchements naturels dans les bastions.

13° Au lieu d'employer des sommes énormes et un temps précieux pour construire des escarpes terrassées dans le fossé de l'enceinte avancée, il sera infiniment plus avantageux de placer en arrière un mur à tours bastionnées d'un mètre d'épaisseur, de dix mètres de hauteur. Ce mur ferait fonction de *retranchement général* par rapport à l'enceinte, devenue un couvre-face. Il pourrait être construit en même temps, ne coûterait que le quart du mur d'escarpe terrassé avec profil à la Vauban, et cependant la durée probable du siége serait considérablement augmentée, parce que l'ennemi eût-il enlevé un bastion du couvre-face, il serait forcé de s'y loger, d'y amener du canon, pour mettre le mur en brèche, opération extrêmement difficile, *pour ne pas dire impossible*, en présence d'une garnison aussi nombreuse, pouvant déboucher par la droite et par la gauche pour chasser le petit nombre d'hommes établis sur ce bastion.

14° Ce mur de face une fois établi, on peut lui adosser des arceaux de 6 mètres de largeur avec murs de refend de 1 mètre d'épaisseur, ce qui fait 7 mètres par arceau; avec la dépense de la maçonnerie d'escarpe terrassée à la Vauban, on peut avoir des arceaux de $10^m,50$ d'épaisseur, y compris le mur de face. Ces arceaux, avec un plancher, donneraient du logement pour plus de cent cinquante mille hommes; une partie de ces emplacements servirait pour recevoir tous les approvisionnements de siége; le dessus des voûtes recevrait des parapets à l'épreuve, et serait déjà assez large pour placer des fusiliers derrière ces parapets.

15° Il serait encore plus avantageux de donner 18 mètres d'épaisseur à cette *enceinte-bâtiment*, afin de la mettre en état de porter batterie à ciel ouvert sur tout son développement; la dépense alors deviendrait plus considérable, mais aussi les ressources pour les logements et les approvisionnements seraient augmentés dans la même proportion. Tous ces bâtiments auraient une destination utile pendant la paix comme pendant la guerre; ils formeraient des greniers d'abondance, des entrepôts, des magasins de toute espèce, des abattoirs, des écuries pour les chevaux de cavalerie, d'artillerie, du train des équipages militaires, etc.; ils offriraient un refuge aux habitants de la banlieue, à leurs bestiaux, etc.; en un mot, ils recevraient tout ce qu'il sera convenable de retirer à l'ennemi; ils serviront aussi de refuge aux malheureux sans asile, à l'établissement de grands ateliers, de dépôts de mendicité, d'hôpitaux civils et militaires, maisons de correction, etc., etc.

16° Soit que l'on construise une escarpe terrassée pour former l'enceinte, soit que l'on considère cette enceinte comme le couvre-face d'un mur, *retranchement général* ou d'une *enceinte-bâtiment*, il sera convenable de rendre les diverses parties indépendantes les unes des autres, afin que l'ennemi maître d'un point ne le soit pas du reste.

17° Ce résultat s'obtiendra aisément par la combinaison des bâtiments militaires avec la fortification.

Si c'est une escarpe revêtue en maçonnerie, on placera sur tous les points d'attaque des bâtiments militaires défensifs auxquels on donnera la double propriété de servir de retranchement contre l'attaque extérieure, de prendre en flanc et à revers l'ennemi qui aurait pénétré par un point intermédiaire à deux bâtiments défensifs.

Si l'on a une *enceinte-bâtiment*, c'est à elle qu'il faudra donner la propriété de l'isolement de ses diverses parties. Cela s'obtiendra par de simples murs bastionnés, servant à fermer le terrain destiné aux cours des casernes.

18° Une enceinte ainsi organisée réunit les propriétés des forts détachés sans en avoir les inconvénients; elle donne au gouvernement une grande sécurité contre les émeutes partielles ou générales. Si cependant elle inspirait quelques craintes à la population, on devrait s'abstenir de construire les couvre-faces du côté de la ville, ainsi que les fossés nécessaires pour avoir les terres; on laisserait alors les murs à découvert; les fossés ne seraient faits qu'en cas de guerre et comblés à la paix.

19° Une ceinture de forts détachés *est la plus mauvaise des enceintes*, celle à laquelle on aurait fait seize à *vingt* brèches de deux à *trois mille* mètres d'ouverture; par conséquent, si une enceinte avec une brèche de 30 à 40 mètres est obligée de se rendre quand il n'y a point de retranchement général, à plus forte raison une ceinture de forts offrant vingt brèches de 2000 mètres le serait-elle.

20° Un fort détaché, *bien construit*, ne soutient que quinze jours de tranchée ouverte; une ceinture de forts ne défendrait donc Paris contre le bombardement que pendant quinze jours; deux de ces forts une fois pris, ils serviraient d'appui aux tranchées contre la place. Cette place, fût-elle bien bastionnée, ne soutiendrait que vingt-cinq à trente jours de tranchée ouverte; la perte de la place entraînerait promptement celle des autres forts. Ainsi, une enceinte rapprochée précédée par une ceinture-de forts ne soutiendrait que six semaines de tranchée ouverte.

21° Une enceinte précédée par des forts n'offre par conséquent aucune sécurité au gouvernement contre les émeutes partielles ou générales ; si l'émeute triomphait dans la ville, elle serait maîtresse de l'artillerie de l'enceinte ; dès lors il lui serait facile de réduire les forts soit par persuasion, soit par la force.

22° Il résulte de ce qui précède que le projet du ministère du 1er mars est vicieux sous tous les rapports ; son enceinte n'est pas assez avancée pour mettre Paris à l'abri du bombardement ; avec ses *cent quarante millions* de dépense Paris ne se défendrait que pendant six semaines et serait bombardé pendant un mois.

23° L'enceinte doit passer en avant du bois de Boulogne, de Neuilly, de Clichy, en arrière de Saint-Ouen et d'Aubervilliers, en avant de Pantin, de Bagnolet, de Saint-Mandé, de Charenton, d'Ivry, sur le plateau de Ville-Juif, en avant du parc de Montrouge et en avant de Vanvres et d'Issy. Cette enceinte aura quarante-six mille mètres de circuit, recevra *cent vingt-six* fronts. Elle peut être faite en trois mois, et coûtera vingt millions cinq cent quarante mille francs, 20,540,000

Mur bastionné de 10 mètres de hauteur, 1 mètre d'épaisseur, 2 mètres de fondation, en arrière du couvre-face, 50,000 mètres de développement, 9,300,000

Total : 29,840,000

Ponts, barrières, portes et frais imprévus, 4,160,000

Total pour le couvre-face et le mur en arrière, 34,000,000

Total de la dépense la plus urgente pour l'enceinte dans le système à tours bastionnées, 34,000,000

24° Les forts détachés, peu utiles pour empêcher le bombardement, seront nécessaires comme appui des camps retranchés, pour les opérations stratégiques. Il convient d'en placer en avant de Neuilly, au mont Valérien, sur le plateau de Sèvres et sur celui de Meudon, en avant de Fontenay, et Châtillon, en avant de Charenton, sur le plateau de Saint-Maur, de conserver en les renforçant ceux de Nogent, Rosny, Noisy, et de mettre Saint-Denis en état de défense; pour le système complet on peut donc calculer sur dix forts.

25° La dépense pour le couvre-face de chaque fort pentagonal de 365 mètres de côté extérieur, est de 784,400

| | |
|---|---:|
| Le mur servant de retranchemeut coûte | 230,790 |
| | 1,015,190 |
| Pour neuf semblables, | 9,136,710 |
| Total, | 10,151,900 |
| Portes, barrières, frais imprévus, | 848,100 |
| Total pour les forts, | 11,000,000 |
| Terrains à acquérir pour l'enceinte et les forts, | 14,000,000 |

26° En dépensant quarante-cinq millions la première année pour les ouvrages et quatorze millions pour le terrain nécessaire, on aura l'*enceinte couvre-face* placée de manière à mettre Paris à l'abri du bombardement, le mur de face de l'*enceinte-bâtiment* formant un premier retranchement général, les *enceintes couvre-faces* de dix forts avancés pour favoriser les opérations stratégiques, les murs de face des *enceintes-bâtiments* de ces dix forts. C'est-à-dire que sur tous les points on sera en mesure en cas d'attaque, et qu'on aura tout le temps de terminer le reste à loisir.

27° Pour ce complément, il faudra par fort quinze cent mille fr.; pour les dix, 15,000,000

| | |
|---|---:|
| Pour les arceaux de l'enceinte, en lui donnant dix-huit mètres d'épaisseur, | 70,000,000 |
| Total : | 85,000,000 |

| | |
|---|---|
| Report de la première dépense, | 59,000,000 |
| Pour porter le mur d'octroi en avant de Montmartre, Montrouge et Belleville, | 3,000,000 |
| Total général : | 147,000,000 |

Ainsi, en chargeant autant que possible la dépense, exagérant fortement les frais imprévus, nous n'arrivons qu'à une dépense de *cent quarante-sept millions* pour obtenir les immenses résultats que nous avons signalés, et rendre Paris *imprenable*, c'est-à-dire à la somme demandée pour le projet de M. Thiers, avec lequel Paris serait obligé de se rendre après six semaines de siége, dont un mois de bombardement.

## A MM. LES OFFICIERS DU GÉNIE.

Mes Camarades,

C'est à vous que je dédie ce mémoire ; il doit vous plaire, car à chaque page il rappelle le nom du grand homme dont la sage et patriotique prévoyance méditait, il y a plus d'un siècle, sur le grand problème dont une bonne solution doit rendre la France invulnérable et réagir sur les destinées futures du monde. Vauban a non seulement la gloire d'avoir médité sur ce problème, il a l'honneur d'avoir trouvé la meilleure solution possible. Le mémoire dans lequel il a consigné ses idées sur le moyen de fortifier Paris, offre la preuve incontestable de sa supériorité et suffirait seul pour le placer au premier rang. Au moment où tant d'autres quittaient la belle route qu'il a tracée, j'ai senti la nécessité d'y rester, bien persuadé qu'on ne peut s'égarer en suivant un tel guide ; toutefois, en m'attachant aux grands principes qu'il a posés, et qui seront éternellement vrais, je ne l'ai point suivi en aveugle ; c'est l'esprit et non la lettre de son mémoire auquel je me suis attaché. D'après ce qu'il a fait pour le Paris de son temps, je me suis demandé ce qu'il ferait pour le Paris d'aujourd'hui ; la réponse ne pouvait être douteuse ; il voulait deux enceintes, dont la plus avancée fût à la grande portée de canon de la ville, afin qu'elle fût à l'abri du bombardement ; il la voudrait encore aujourd'hui ; dès lors le mur d'octroi actuel, modifié et porté en avant de Montmartre, Montrouge et Belleville, serait son enceinte rapprochée, ou *retranchement général* ; son enceinte avancée, établie à la grande portée de canon de la première, s'étendrait au moins jusqu'aux points indiqués à la page 42 de ce mémoire. Vauban se garderait bien d'abandonner le bois de Boulogne, Neuilly et Clichy à l'ennemi ; il sentirait la nécessité de se mettre en communication avec les ouvrages à établir sur la rive gauche de la Seine depuis Asnières jusqu'à Meudon, de les faire protéger par l'enceinte avancée, de donner à celle-ci une action décisive sur le cours de la Basse-Seine, sans cependant la prendre pour fossé ; Vauban comprendrait qu'en enveloppant Neuilly et Clichy on évite toutes les difficultés des servitudes et des acquisitions de terrain sur un grand développement, en même temps qu'on rend cette partie inattaquable.

Vauban se garderait bien de placer un fort isolé en avant d'Alfort sans occuper le plateau de Charenton ; il sentirait que ce fort dominé, pris à revers, ne pourrait tenir huit jours, et qu'après sa chute il serait utile à l'ennemi.

Vauban se garderait bien de laisser subsister le défaut de *raccord* entre les portions d'enceinte de la rive droite et de la rive gauche ; il comprendrait qu'en augmentant le développement de l'enceinte, et diminuant l'espace intérieur par une pointe extrêmement faible, près du Point-du-Jour, on se jette dans des dépenses plus grandes que celles résultant de l'acquisition de quelques usines, qu'il serait d'ailleurs plus avantageux d'envelopper.

Mon but n'est point de faire une critique de détails ; je plains assez les officiers-généraux qui ont été obligés de se conformer au programme de M. Thiers, pour ne pas vouloir les affliger en insistant sur des défauts qu'ils voient sans doute aussi bien que moi. Je veux appeler votre attention sur le point que je considère comme capital, savoir : quel système on doit adopter, non seulement pour être promptement en mesure, mais aussi pour avoir ce qu'il y a de plus fort, de plus économique et de plus utile.

Vauban dans son Mémoire indique deux tracés pour fortifier Paris : le premier est une enceinte, avec escarpe revêtue d'après le mode en usage de son temps ; le deuxième est un tracé à tours bastionnées, recouvertes par des contre-gardes ; c'est évidemment ce dernier qu'il préférait, mais tel qu'il le présentait il était fort cher, et demandait beaucoup de temps pour l'exécuter ; il fallait faire disparaître ce double inconvénient et quelques autres que vous connaissez : tels que les trouées laissées entre les flancs et les tenailles, celles des fossés, des demi-lunes, le défaut d'abris, l'incommodité des casemates des tours, etc. Vous pouvez juger si les moyens proposés pour remédier à ces défauts sont efficaces ; je me bornerai donc à quelques observations pour vous bien faire connaître les raisons qui m'ont décidé à supprimer l'escarpe revêtue et terrassée de l'enceinte, pour la reporter en arrière de ce couvre-face. Vous savez que pour s'emparer d'une place on chemine à l'aide de tranchées, jusqu'à ce qu'on soit arrivé sur la crête du glacis du chemin couvert ; que l'on couronne ce glacis, sur lequel on établit des batteries de brèche et des contre-batteries pour éteindre les feux des flancs, en même temps que l'on pratique la descente du fossé, ou que l'on fait sauter la contrescarpe ; vous savez aussi que la brèche est presque toujours praticable avant que la descente de fossé ne soit achevée, en sorte que le revêtement d'escarpe n'influe pas d'une manière sensible sur la durée du siége ; seulement il empêche l'attaque de vive force, tant que la brèche n'est pas faite : le glacis est de plein-pied avec la campagne; l'ennemi arrive avec la plus grande facilité au saillant du chemin couvert; là, il prend des vues sur le fossé, la contrescarpe le protége contre les sorties, en sorte que l'établissement des batteries de brèche est la chose la plus aisée. C'est donc un vice de la fortification d'offrir des maçonneries aux vues des batteries établies sur le glacis, puisque les frais énormes qu'entraînent ces escarpes ne retardent l'ouverture de la brèche que de quelques heures; pour remédier à cet inconvénient il faut, comme je l'ai dit ailleurs, mettre des couvre-faces dans les fossés. C'est ce qui a donné naissance aux contre-gardes et *aux glacis intérieurs*; mais quand on revêt les escarpes de ces contre-gardes, on fait renaître pour elles l'inconvénient qui avait lieu pour le corps de place; de là il est facile de conclure que les contre-gardes ne doivent pas être revêtues en maçonnerie; il en est de même des demi-lunes qui ne sont autre chose que les contre-gardes des anciens ravelins. Toutefois il faut autant que possible en rendre l'approche aussi difficile à l'assiégeant que si elles étaient revêtues; cela s'obtiendra généralement en coupant les escarpes à pic, retirant les parapets en arrière, et faisant des plantations d'arbres et de haies dans les fossés et sur les bermes; avec ces précautions, si les communications du corps de place avec les contre-gardes et demi-lunes sont sûres et faciles, si toute la garnison peut s'y porter à tous les instants, pour en chasser l'ennemi, évidemment il faudra le même temps et les mêmes précautions pour prendre ces contre-gardes, qu'elles soient ou ne soient pas revêtues. Cela s'applique à tous les couvre-faces qui ont en arrière une muraille à l'abri de l'escalade, ne fût-ce qu'un simple mur, comme celui de la façade de notre enceinte-bâtiment; puisque dans ce cas l'ennemi est également forcé, comme je l'ai dit dans le Mémoire, a établir des contre-batteries, faire la descente et le passage du fossé, le logement sur la brèche, et à établir des batteries de brèche sur le couvre-face ; opération que l'on peut considérer comme impossible, en présence de notre nombreuse garnison ! Je sais que l'on parle beaucoup de faire brèche par plongées dans les murs à la Carnot ; mais autre chose est de faire des expériences, quand la place ne répond pas, ou quand une multitude de fusiliers ajustent les canonniers assiégeants, et quand l'artillerie de la place les inonde de projectiles tirés de plein-fouet et en courbe, les attaque de front, en flanc et à revers ! Au reste, si quelque point paraissait menacé, rien de plus facile que de le consolider par des gabionades placées au moment de l'action. Ne nous laissons donc point effrayer par des fantômes, surtout puisque notre mur isolé n'est que transitoire et destiné à se raccorder avec des voûtes.

Ce n'est pas avec vous qu'il est nécessaire d'insister sur les avantages résultant de la disposition de *l'enceinte-bâtiment* et de la grande utilité de nos voûtes ; je n'insisterai pas non plus sur les avantages des fossés à glacis intérieurs, cela me conduirait trop loin, et rentre dans le domaine d'une discussion spéciale et approfondie que vous trouverez dans la deuxième édition des Mémoires sur la fortification.

Le temps des préjugés et de l'entêtement de corporation doit être passé pour le corps du Génie, qui compte tant d'hommes distingués parmi ses membres ; il est temps que l'esprit de coterie et les rivalités personnelles disparaissent devant l'intérêt du pays ; ce n'est point devant moi que je demande qu'on baisse pavillon, c'est devant notre grand ingénieur, dont je ne suis que l'interprète. Ce sont ses principes, sur lesquels je m'appuie ; c'est son système de prédilection perfectionné par ce qu'il y a de bon dans Carnot et Montalembert, que je présente, en retranchant ce qu'il y a de systématique et de trop absolu dans leurs idées.

Ombre de Vauban, tu dois applaudir à mes efforts ; comme les tiens, ils sont inspirés par un ardent amour de la patrie, de la science et de la vérité ; viens planer sur les conseils où se discutent les grandes questions qui influeront puissamment sur les destins de la France ; répands tes lumières et ton abnégation de tout amour-propre, de tout intérêt personnel, sur chacun des membres du comité du Génie, sur la représentation nationale et sur les conseillers de la Couronne.

Dis aux représentants de la France que la première condition à laquelle il faut satisfaire, est de mettre, *à toujours*, Paris à l'abri du bombardement par une bonne enceinte *imprenable*, et non par des forts isolés qui seraient enlevés en quinze jours ; dis-leur que ce qui est fait n'est rien, qu'ils ne doivent pas hésiter à y renoncer pour étendre leur ligne en avant du bois de Boulogne, de Neuilly, de Clichy, etc., et que leurs forts stratégiques doivent occuper des positions plus avancées sur la rive gauche de la Seine, afin d'étendre la sphère d'activité de la défense.

Dis au président du conseil des ministres, à l'homme dont le nom figure si glorieusement dans toutes nos grandes journées, au vainqueur de Toulouse, que tu ne peux compter parmi tes adversaires celui qui, dans cette grande occasion, a suivi les mêmes principes que toi, en portant d'abord toute son attention sur la mise en état de défense du *canal avec ses têtes de pont, formant sa ligne de bataille continue*, sur la muraille de la ville, *formant son retranchement général*, et ne s'occupant, *accessoirement*, des ouvrages détachés du calvinet *qu'après le perfectionnement de sa ligne continue* ; dis-lui que c'est à cette sage précaution qu'il a dû la glorieuse victoire qui lui eût échappé s'il eût considéré cette ligne comme *l'accessoire*, et les retranchements du calvinet comme *le principal* (1).

Dis au roi des Français qu'en adoptant ton système, à tours bastionnées, perfectionné par ce qu'il y a d'excellent dans Carnot, Montalembert et antres auteurs moder-

(1) Voyez les *Considérations militaires sur les Mémoires du maréchal Suchet, et sur la bataille de Toulouse*, tom. II, pag. 90.

nes, il attachera son nom au plus magnifique et au plus utile ouvrage qui soit sorti des mains de l'homme; qu'il aura fixé l'époque du rétablissement de l'équilibre entre l'attaque et la défense; en un mot, qu'il aura plus fait pour la puissance et la sûreté de la France que nos plus illustres conquérants; qu'enfin, son nom passera à la postérité chargé des bénédictions des populations parisiennes, préservées à jamais de la souillure imprimée à leur sol par l'occupation étrangère.

TH. CHOUMARA,

Chef de bataillon du génie.

---

# TABLE DES MATIÈRES.

*Avant-propos.*



*Première lettre au Ministre de la guerre sur les fortifications de Paris.*



*Envoi à M. Thiers.*

FIN DE LA TABLE DES MATIÈRES.

---

# ERRATA.

Pages 25, ligne 2, pans, lisez dans.
— 28, — dernière, auquel elles, lisez auquel cas elles.
— 36, — 13, 31,20 mètres, lisez 31,200 mètres.
— 42, — titre moyens de le, lisez moyens de la.
— 51, — 21, château, lisez parc.
— 55, — 17, ces, lisez les.
— 66, — 21, d'ovent, lisez d'évent.

www.ingramcontent.com/pod-product-compliance
Lightning Source LLC
LaVergne TN
LVHW020410230826
846091LV00004B/1230

* 9 7 8 2 0 1 2 9 8 1 2 2 5 *